Geraldine Friedrich (Hrsg.)

Günstig reisen mit Kindern

Von Österreich bis Oman

reiseratte

Das für dieses Buch eingesetzte Papier ist ein Produkt
aus nachhaltiger Forstwirtschaft.

1. Auflage 2015

Herausgeberin der Edition Reiseratte: Geraldine Friedrich, Inzlingen

Herstellung: Dryas Verlag, Frankfurt am Main
Lektorat: Birgit Rentz, Itzehoe
Umschlaggestaltung: Guter Punkt, München (www.guter-punkt.de)
Umschlagmotiv: © Sabine Dunst, Guter Punkt, unter Verwendung von Motiven von Alexander Altmann/pixelio.de und privaten Bildern der Autoren: Boris Burcza, Ulrike Bliss, Geraldine Friedrich und Olaf Schlippe
Graphiken Zettel: © Anja Kaiser © intereklam - Fotolia.com
Satz: Dryas Verlag, Frankfurt am Main
Gesetzt aus der Palatino Linotype
Druck: CPI books GmbH, Ulm

Bibliografische Information der Deutschen Bibliothek:
Die Deutsche Bibliothek verzeichnet diese Publikation in der Deutschen Nationalbibliografie, detaillierte bibliografische Daten sind im Internet über http://dnb.ddb.de abrufbar.

ISBN 978-3-945309-02-5
www.edition-reiseratte.de

Für Tim

Inhalt

Vorwort

Liebe Eltern, liebe Großeltern,

Reisen mit Kindern bleiben ein Dauerbrenner. Nach dem ersten Band „Reisen mit Kindern – von Bauernhof bis Bali" haben wir uns erneut auf die Suche nach Autoren und Gesprächspartnern gemacht, die mit ihren Kindern teils abenteuerliche Reisen unternommen haben. Dabei war es uns wichtig, dem Reisebudget eine besondere Bedeutung beizumessen. So haben wir zu jeder einzelnen Reise nicht nur die von der jeweiligen Familie ausgegebenen Gesamtausgaben erfragt, sondern auch Spartipps recherchiert. Wichtig: Diese Gesamtausgaben lassen sich nie eins zu eins auf andere Familien übertragen, da Flugpreise immer abweichen und es letztendlich vom individuellen Konsumverhalten abhängt, wie viel eine Familie vor Ort ausgibt. Sie sollen lediglich eine realistische Orientierung geben. Klar ist auch: Essen, Trinken, Nebenkosten und Taschengeld brauchen Familien ebenso, wenn sie zu Hause bleiben. Diese Ausgaben sind also streng genommen von den Gesamtausgaben abzuziehen. Ebenfalls neu ist ein **umfassender Praxisteil mit Tipps und Anregungen**, wie und wo Familien ihre Urlaube verbringen können (ab Seite 198).

Im Interview auf Seite 164 berichtet eine Heidelberger Familie von ihrer Reise mit Baby und Kleinkind **per Mietwagen durch Oman**. Ein schweizerisches Paar verwirklichte seinen Traum und löste sich mit seinen drei Schulkindern fast ein Jahr lang vom Alltagstrott, um ein **Behindertenprojekt in Nordindien** mit seiner Arbeit zu unterstützen. Fazit des Familienvaters Rémy: Die zehn Monate Indien und Nepal seien „Abenteuer pur“ gewesen, aber für die Seele brachte die Auszeit vor allem eins: Erholung (Seite 173). Eine Arztfamilie aus Karlsruhe pilgerte mit Baby und Kleinkind vier Wochen lang auf dem **Jakobsweg** – per Fahrrad. Fazit: Eher keine Erholung: (Seite 104). Urlaub auf einem Bungalowboot oder in einer Jugendherberge: Was für die meisten Familien einfach nur eine normale, eher unspektakuläre Reise ist, stellt für eine Familie mit einer stark **behinderten Tochter** ein logistisches Großprojekt dar (Seite 131).

Ein Vater erklimmt mit seiner zwölfjährigen Tochter die **Zugspitze**. Geht das? Ja, aber solch ein Unterfangen hält auch Tücken parat (Seite 76). **Fernbus** statt Fliegen mit Kind? Nein, lautet die Erkenntnis unserer Autorin (Seite 138). Ich selbst wagte mich an die erste mehrtägige Radtour meines Lebens. Mit Mann und Sohn tourte ich ab unserer Haustür drei Tage lang per **E-Bike** bis nach Luzern und wieder zurück. (Seite 113).

Es muss nicht immer Abenteuer oder Sport sein. In manchen Jahren steht einfach Erholung auf dem Programm: Bauernhof in **Südtirol**, Cluburlaub auf **Ibiza** oder Fressurlaub mit Sohn in **Belgien**. Im Trend liegen Drei-Generationen-Reisen – doch bringen **Ferien mit Oma und Opa** wirklich die von den Eltern gewünschte Entlastung? (Seite 51 und Seite 60). Last, but not least lässt uns Reiseführerverleger **Michael Müller** an seinen Reise-mit-Kindern-Erfahrungen teilhaben.

Die Berichte, Reportagen und Interviews sind Erfahrungsberichte unserer Autoren und Interviewpartner. Sie lassen sich logischerweise nicht eins zu eins auf andere Familien übertragen. Wir hoffen, Sie können von unseren Erfahrungen profitieren. Gute Reise!

Inzlingen, Januar 2015. Geraldine Friedrich

Abenteuer oder Abhängen: Welche Reiseform passt zu uns?

Feriendorf, Rundreise oder Rucksackurlaub – wer eine Reise mit Kindern plant, sollte vor allem eins: ehrlich zu sich selbst sein.

Zwei Erwachsene, zwei Fahrräder, vier Kinder: Eine Heidelberger Familie unternahm mit ihren Kindern im Alter von null bis fünf Jahren während ihrer Elternzeit eine vierzehn Monate dauernde Weltreise. Konkret hieß das: Mama und Papa strampelten auf dem Rad, die Kinder saßen in zwei Anhängern. Oman, Mongolei, Australien. Der Vater hatte bereits Monate vorher eine Excel-Tabelle mit dem Gewicht jedes einzelnen Gepäckstücks angelegt. Die Eltern verkauften das Auto und kündigten die Wohnung, um die Reise zu finanzieren. Wer ist da nicht beeindruckt? Aber: Beeindruckt sein genügt nicht. Genauso wie manch einer es spannend findet, einen verschwitzten Leistungssportler nach zweiundvierzig Kilometern glücklich die Ziellinie überqueren zu sehen, liest er gern über extreme Reiseerfahrungen anderer Familien. Das heißt aber noch lange nicht, dass diese Reiseform zu ihm passt.

Die ersten Fragen bei der Planung eines Urlaubs mit Kind sind daher dieselben wie bei einem Urlaub ohne Nachwuchs: Was für ein Urlaubstyp bin ich? Mag ich Erholung oder bevorzuge ich Abenteuer? Möchte ich Sehenswürdigkeiten genießen, mich an der frischen Luft bewegen – oder am liebsten von allem ein wenig? Wie wichtig ist mir Kinderbetreuung vor Ort?

Für den späteren Urlaubsgenuss mit Kind hilft es

sehr, wenn man sich nichts vormacht: Denn gerade bei individuellen Reisen ist der logistische Aufwand erheblich. Eine gewisse physische Kondition und nicht zuletzt Stressresistenz sind Voraussetzung.

Auch wenn es sich bei anderen schön liest oder toll anhört – welche Familie gibt im Nachhinein schon gern zu, dass sie ihre aufwendige Reise mit Kind zu anstrengend fand. Wer bereits kinderlos Rucksackurlaube mit täglichem Bettenwechsel doof fand oder sich nie fürs Wandern motivieren konnte, der wird sich für diese Reiseformen auch nicht mit Kindern begeistern. Ebenso ehrlich sollte man bei der Reiseplanung seine aktuelle Lebenssituation beziehungsweise die des Partners und der Kinder einschätzen: Wer gerade sein Haus renoviert hat oder demnächst einen neuen herausfordernden Job antritt, dem steht der Sinn vielleicht nicht unbedingt nach einer vierwöchigen Radtour mit Kind im Anhänger durch das gebirgige Südfrankreich, sondern bevorzugt eher zwei Wochen Ferien in einem gut ausgestatteten Ferienhaus mit Pool. Das gilt natürlich auch für Kinder, die gerade Stress in der Schule haben oder sich in der schwierigen Entwicklungsphase namens Pubertät befinden. Ebenfalls bedenkenswert: Gerade Einzelkinder finden nur bei längeren Aufenthalten gut Anschluss zu gleichaltrigen Kameraden.

Um es positiv zu formulieren: Fragen Sie sich, welche Urlaubsform Sie favorisiert haben, *bevor* Ihre Kinder kamen, und knüpfen Sie daran an. Wer Urlaub mit Kinderprogramm und Kinderbetreuung will, ist in den einschlägigen Clubanlagen gut aufgehoben. Preisgünstige Familienferien mit Programm bietet das Deutsche Jugendherbergswerk (DJH): Von Indianerferien im Schwarzwald über Fossilienklopfen in der Schwäbischen Alb bis hin zum Segelurlaub am Bodensee sind die Angebote vielseitig, sie starten für Kinder ab drei Jahren, kleinere Geschwisterkinder sind aber willkommen.

Der Klassiker bei Familien ist nach wie vor das Anmieten einer Ferienwohnung in einer landschaftlich reizvollen Gegend. Wer seine Bleibe im Vorfeld sorgfältig auswählt, erlebt bei dieser Reiseform wenig unliebsame Überraschungen, außer vielleicht beim Wetter. Für Experimentierfreudige empfiehlt sich die preisgünstige Urlaubsform „Haus-“ bzw. „Wohnungstausch“: Leider haben wir dies bislang nur einmal praktiziert, unser Wohnungstausch fand mit Freunden aus Hamburg statt. Wir haben Kinder im selben Alter – damals zwei und zweieinhalb Jahre – und tauschten über Ostern unsere Wohnung in Riehen bei Basel gegen die Hamburger Wohnung. Vorteil: Beide Wohnungen verfügten über eine kleinkindgerechte Infrastruktur, die vom Autokindersitz (wir tauschten auch die Autos) bis zum Wickeltisch reichte. Das Gepäck blieb klein, kostentechnisch fielen nur die eigene Anfahrt, Lebensmittel und das Essengehen vor Ort an. Das große Plus: Wir entdeckten und erlebten Hamburg aus der Perspektive einer dort lebenden Familie, kauften normal ein, besuchten das Stammrestaurant unserer Freunde und gingen auf deren Spielplatz um die Ecke. Das Eintauchen in die Alltagswelt einer anderen Familie in einer fremden Stadt hat etwas Exotisches. Dieser Wohnungstausch ist für mich bisher die spannendste und authentischste Reiseerfahrung mit Kind gewesen.

Fragen, die sich Eltern vor der Reise mit Kind stellen sollten

Bin ich Ruhe suchend oder rastlos?

Welcher Urlaubstyp bin ich, welchem entspricht mein Partner? Wie lassen sich Kompromisse erzielen? Beispielsweise eine Woche Rundreise, eine Woche Aufenthalt an einem Ort. Man erspart sich Stress, wenn man zumindest in der Hauptsaison die Unterkünfte vorab bucht.

Ehrliche Bestandsaufnahme:

Wie ist die derzeitige **Lebenssituation**: eher von Stress geprägt oder von Routine? Wie erholungsbedürftig ist die Familie?

Tipps von Freunden:

Hören Sie genau hin, wenn Ihnen befreundete Familien von ihren vergangenen Urlaubserfahrungen berichten, und haken Sie nach. Ordnen Sie aber die Informationen auch entsprechend ein – sollte es sich bei Ihren Freunden um eine sehr penible Familie handeln, nehmen Sie vielleicht Kritik an der „ungepflegten Gartenanlage im Hotel" nicht ganz so ernst.

Allein reisen oder mit anderen?

Wer mit einer befreundeten Familie samt Kindern in Urlaub fährt oder die Großeltern mitnimmt, kann sich unter Umständen die **Kinderbetreuung** sparen, muss je nach Wohnsituation aber auch Kompromisse in Kauf nehmen. Es empfiehlt sich mindestens ein Bad je Familie, um unliebsame Diskussionen zu vermeiden.

Budget:
Über welchen Betrag verfügt die Reisekasse? Je weiter weg ich mit meiner Familie reise, desto teurer wird die Anreise, und somit bleiben weniger Geld und Spielraum für Unterkunft und Ausgaben vor Ort. Mitunter sind aber drei Wochen Thailand aufgrund der dort niedrigen Lebenshaltungskosten trotz Flüge günstiger als drei Wochen Ferien in Deutschland.

Zeit:
Wie lange und wann? Ob Haupt- oder Nebensaison, die Wahl der Reisezeit nimmt einen entscheidenden Einfluss auf die Reisekasse. Wer keine schulpflichtigen Kinder hat und nicht auf Schließzeiten von Kindergarten oder Kinderkrippe angewiesen ist, zahlt in der Nebensaison oftmals weniger als den halben Preis der Hauptsaison.

Maschinengewehr mit Mayonnaise: Kultur- und Fressurlaub in Südbelgien

von Françoise Hauser

Urlaubsform:
Städte-Urlaub – oder vielleicht doch eher eine Schlemmerreise?

Beteiligte: Françoise (47) und Elias (11)

Dauer: 5 Tage inklusive Anreise

Reisedistanz: rund 1.000 Kilometer

Reiseverkehrsmittel: eigener Pkw

Kostenfaktor: etwa 500 Euro inklusive Unterkunft, Essen, Benzin und Eintritte für beide

Vorbereitungszeit: kurz. Lediglich die Unterkünfte sollte man im Voraus buchen. Je mehr Besuche von Fabriken und Ateliers anstehen, desto eher heißt es Kontakt aufnehmen und per E-Mail anfragen. Die meisten belgischen Handwerksbetriebe und Chocolatiers sind erstaunlich offen, wenn es darum geht, einen Blick hinter die Kulissen zu werfen.

„Halt! Auf keinen Fall abbeißen!" In letzter Sekunde schnappt sich Madame Bertholet, Inhaberin der Patisserie Jacobs von Dinant, Elias' Lebkuchen-Kachel, bricht mit einem kräftigen Griff eine Ecke des betonharten Couque-

Lebkuchens ab und demonstriert den richtigen Umgang mit der wahrscheinlich härtesten Backware der Welt. Ab damit in die Wange. Und dann heißt es speicheln, lutschen, langsam zergehen lassen. Eine gefühlte Ewigkeit lang, denn die Couques bestehen ausschließlich aus Mehl und Honig. Wer diese Mahnungen ignoriert, riskiert bleibende Schäden am Kauwerk.

„Muff ich daff allef effen?", nuschelt mir Elias auf Deutsch zu.

„Lass drin, bis wir draußen sind", raune ich zurück. Zugegeben, geschmacklich sind die Couques kein Feuerwerk, aber herrlich skurril. Und das ist es, was zählt, denn auf dieser Reise haben wir eine Mission: probieren – so viel wie möglich, so schräg wie möglich. Wallonien, Belgiens frankophoner Teil, eignet sich dazu hervorragend. Nicht zuletzt, weil es hier eine Menge unbekannter Spezialitäten gibt, aber nur wenige wirklich abschreckende. Schokolade, Bonbons, Waffeln, Kuchen, Schinken und was nicht noch: Elias und ich sind bereit. Abgesehen davon gibt es noch einen guten, fast schon profanen Grund, ausgerechnet diese Region anzusteuern: Sie ist nah und damit auch für einen Kurzurlaub geeignet, vor allem, wenn man wie wir aus dem Südwesten Deutschlands anreist.

Also machen wir uns mit dem Auto auf nach Wallonien, ein Reiseziel, das den meisten Deutschen eher fremd erscheint: Eine Woche nach Belgien? Und nicht ans Meer? Auch nicht nach Brüssel oder Brügge, Gent oder Antwerpen? Dass man auch in Südbelgien Urlaub machen kann, scheint vielen erst einmal nicht bewusst. Oft folgt ein leises „Und was macht man da?". Um es kurz zu machen: wandern, Kajak fahren, die Ruhe genießen, alte Städte entdecken, Höhlen erforschen, um nur einige Aktivitäten zu nennen. Und natürlich essen. Die Wallonie ist hügelig, grün, von kleinen Flüssen durchzogen, mit malerischen Dörfern, die so weit weg von jeder Stadt zu liegen scheinen, dass man sich insgeheim fragt, was ihre Bewohner wohl den ganzen Tag machen, wenn sie nicht gerade Bauern sind. Eine eigene Sprache haben die Wallonen auch. Und nein, es ist nicht das amtliche Französisch, sondern Wallonisch, das auch Unwissende sofort als eigenständiges Idiom erkennen.

Die erste Station der Reise haben wir bereits hinter uns. Liège (Lüttich) gleich an der Grenze ist kein klassisches Touristenziel. „Morbider Charme" wäre ein schönes Schlagwort für Liège, oder vielleicht „unentdeckte Schönheit". Letzteres dürfte den Tourismusbehörden besser gefallen, trägt aber nicht wirklich dem Faktum Rechnung, dass die Stadt ein echtes finanzielles Problem zu haben scheint und sich immer wieder mal an ihren Gegensätzen verschluckt: So unglaublich viele alte Gebäude, denen man die einstige Grandeur mühelos ansieht – immerhin war Liège seit dem Mittelalter ein wichtiges Handelszentrum an der Maas. Und so unglaublich viele davon im Stadium des Verfalls. Dass wir uns trotzdem auf Anhieb in die Stadt verlieben, hat viele Gründe: Zum einen ist Liège kulinarisch gesehen ein grandioser Einstieg. Lièger Bouletten mit Hasensoße, die den Hasen noch nicht einmal vom Sehen kennt, ist einer davon: Fleischklöße in einer süßsauren Soße aus Zwiebeln und Apfelsirup. Oder die Gaufres de Liège (Lütticher Waffeln), mächtig dick und mächtig fettig, von Schokolade umhüllt.

Eher rollend als laufend erkunden Elias und ich nach dem Mittagessen die Altstadt an der Rue Hors-Château. Hier und da tun sich die Impasses auf, kleine Durchgänge zwischen den schiefen Häuschen, und dahinter – geradewegs ein eigenes kleines Stadtviertel, dessen Gassen so eng sind, dass die Lütticher Feuerwehrleute nachts davon wahrscheinlich Albträume bekommen. Ein wenig weiter trainieren wir uns die üppigen Spezialitäten gleich wieder vom Leib, denn die Seitenstraße Montagne de Bueren (Gebirge von Bueren) trägt ihren Namen zu Recht: Rund vierhundert steile Stufen führen zu den höher gelegenen Stadtteilen, die nicht gerade dazu einladen, Bier- oder Colakästen auf Vorrat zu kaufen. Wir schleppen uns hinauf, entlang der Altbauten, während hinter eisernen Gittern üppiges Grün hervorschimmert. Ein Blick nach rechts und nach links, dann schleichen wir uns durch ein geöffnetes Gartentor in einen verwilderten Garten, längst verlassen, vielleicht von einem, der seine Einkäufe nicht mehr schleppen wollte. Über Schleichwege forschen wir weiter, durch unglaublich große Grünanlagen: Parks sind es nicht, auch keine Gärten. Kann es sein, dass eine Stadt von 200.000 Einwohnern sich mitten in der Altstadt solche vergessenen Oasen leistet? Schnell wird es Abend, und wir haben noch nicht einmal einen Bruchteil der Stadt entdeckt. Um es kurz zu machen: Liège scheint auf den ersten Blick wahrlich kein Ort, der zum Familienurlaub einlädt. Und doch sind es gerade diese Entdeckertouren ohne Erklärungen, Ausschilderungen oder pädagogische Aufbereitung, die uns das prickelnde Gefühl geben, irgendwie die Ersten gewesen zu sein.

Abends kehren wir in einer Friture ein, eine kleine Frittenbude, wie es sie in Wallonien zu Tausenden gibt. Für Elias muss es eine Mitraillette sein. Hinter dem martialischen „Maschinengewehr“ verbirgt sich ein Baguette, belegt mit Fritten und einer üppigen Portion Mayonnaise. Bei derartigen Nationalspeisen muss man sich keine Sorgen um die Kinder-Kompatibilität machen.

Am nächsten Tag, auf dem Weg nach Süden, gönnen wir uns einen vielversprechenden Zwischenstopp im

Lièger Vorort Seraing: Bei **Bonbons à l'Ancienne** werden die traditionellen wallonischen Cuberdons hergestellt, kleine bunte Kegel von Gummibärchen-Konsistenz, mit flüssigem Sirup gefüllt. Mitten in einem Wohngebiet steht die unscheinbare Produktionshalle. Hier? Ob das die richtige Adresse ist? Die nächste Stunde wird zum echten Highlight des Urlaubs: Wir bekommen einen Kittel, eine bescheuerte Plastikhaube und dürfen hautnah an die Maschinen, dem Sirup-Rührer zuschauen und ausgiebig probieren. Weil die Cuberdons gegen Verkleben mit Zuckerpuder bestäubt werden, sehen Elias und ich schon nach wenigen Minuten aus wie aus einem Slapstick-Film: über und über weiß, nur die Augen schauen rund heraus. Die Plastikmütze? Der pure Eigenschutz.

Etwas klebrig, aber gut gelaunt geht es entlang der Maas nach Dinant. Dazu muss man wissen: Dinant mit seinen 13.000 Einwohnern ist keine Stadt, die im Mittelpunkt des Weltgeschehens steht. Eine unbestrittene Attraktion hat sie jedoch schon: Adolphe Sax, der Erfinder des Saxophons, wurde im Jahre 1814 in Dinant geboren – eine Tatsache, die sich nicht übersehen lässt. Auf Gebäck, in Schaufenstern, als Skulpturen auf der Brücke, überall ist das Saxophon präsent. So oft begegnet der Besucher Adolphe Sax beziehungsweise dem famosen Instrument, dass ein nicht ganz unwichtiges Detail fast in Vergessenheit gerät: Klar, Monsieur Sax wurde in Dinant geboren, gelebt hat er hier allerdings nicht. Im zarten Alter von zwei Jahren zog er mit seiner Familie nach Brüssel und ward nie wieder gesehen. Dabei ist es nicht so, dass die Stadt nichts zu bieten hätte. So klein ist sie, dass wir nach einem gemütlichen Stadtspaziergang zwischen Mittag- und Abendessen zu dem Schluss gelangen, der Kartograf habe versehentlich einen großen

Teil der Stadt auf der Touristenkarte vergessen. Hat er aber nicht. Mehr Straßen wären bei näherer Betrachtung gar nicht möglich gewesen. Dinants prächtige Bauten sind geradezu an den Fels genagelt, der das schmale Tal rechts und links begrenzt.

Und jetzt? Nur wenige Schritte von der Altstadt entfernt, quasi mitten in der Stadt, finden wir den Eingang zur Höhle „La Merveilleuse" und bekommen mangels Besuchern eine private Führung durch eine der schönsten Höhlen des Landes. Zurück im Tageslicht finden wir eine kleine Pralinenmanufaktur. Das Reiseglück ist perfekt und die Beute so üppig, dass Elias und ich keinen Gedanken mehr an das Abendessen verschwenden müssen, nein – können!

Auf der nächsten Etappe durch die Ardennen lernen wir Belgien von der idyllisch grünen Seite kennen. Zugegeben, das reißt einen Elfjährigen nicht vom Hocker. Spannend wird es erst wieder in Durbuy. Gerade mal vierhundert Einwohner hat der Ort, der sich den Titel „kleinste Stadt der Welt" verpasst hat. Die engen Gässchen aus grob gehauenen Steinhäuschen des 17. und 18. Jahrhunderts, liebevoll ausstaffiert, sind in der Tat herzallerliebst. Doch ein kurzer Spaziergang (selbstverständlich mit einer Portion Pommes auf der Hand und einem kurzen Zwischenstopp samt Tarte au Riz – Reiskuchen – mit Abstecher in eine Metzgerei, um den Ardennen-Schinken zu probieren) muss genügen, denn wir sind nicht der Architektur wegen hier. Unser Ziel ist die Herberge „La Balade des Gnomes" (www.labaladedesgnomes.be) im nahe gelegenen Weiler Heyd. Diese mit Worten zu beschreiben ist eine echte Königs-Übung. Sagen wir mal so: Es gibt Menschen, die fahren bis nach Neuseeland, um sich eine echte Hobbithöhle anzuschauen, doch das ist wirklich nicht nötig, denn Heyd kann in dieser Hinsicht gut mithalten. Die Zimmer des seltsamen Hotels sind allesamt einzigartig und so verflucht echt ausgestattet, dass es fast beängstigend ist. Schon am Parkplatz steht das meterhohe Trojanische Pferd, offensichtlich bereits vergeben, denn die hölzerne Zugbrücke unter dem Pferdeschweif ist hochgezogen. Für uns ist die Troll-Höhle reserviert. Der erste Schritt ins Zimmer verschlägt Elias schier den Atem. Mir auch: Es ist eine dunkle Erdhöhle, von der Decke hängen Wurzeln, aus den Nischen lugen kleine Nager, das Bett ein regelrechter Kobel. Auch die anderen Zimmer sind wahre Kunstwerke: Eines wird gar von einem zum Bett umfunktionierten Segelschiff samt Wasserfläche ausgefüllt. Was sich wie kitschiger Kinderkram liest, ist de facto eine Attraktion, die keine Probleme mit Buchungszahlen kennt.

Im Vergleich dazu ist die letzte Station der Reise rundum erholsam – was wäre schon eine Ardennenreise ohne eine anständige Kajakfahrt? Für diese Art der Naturkontemplation lässt sich auch Elias begeistern. In Chiny an der Semois finden wir nicht nur ein erleichternd luftiges, weiträumiges Hotelzimmer im „Comtes de Chiny“, sondern auch einen Kajakverleih (www.kayak-chiny.be) direkt vor dem Hotel. Für die Strecke ins zwölf Kilometer entfernte Florenville berappen wir 25 Euro, dann geht es los. Reißende Strudel gibt es in der Semois eher nicht, dafür aber viele nett blühende Algen, sodass ich mit jedem Paddelschlag meinem Vordermann – in diesem Fall Elias – eine Ladung Grünzeug auf den Rücken schaufle. Der Landschaft tut dies keinen Abbruch: Völlig durchnässt, aber glücklich trudeln wir nach zwei Stunden in Florenville ein. Für uns nicht nur der Kajak-Endpunkt, sondern auch der Ort mit dem letzten Supermarkt vor der Heimreise. Zitronenmayonnaise, Schokolade, Pralinen-Brotaufstrich, Kirsch-Bier, Galette-Waffeln – wir schlagen noch einmal richtig zu. Sogar eine Packung Cuberdons ist dabei. Vielleicht sind es sogar die, deren Herstellung wir quasi „auf Lunge“ erlebt haben?

Vorteile dieser Reiseform:

- Südbelgien bietet französisches Flair zu vergleichsweise guten Preisen. Teure Restaurantbesuche sind nicht nötig: Jeder, wirklich jeder Ort hat mindestens eine Friture. Das mag auf Dauer nicht so gesund sein, Diskussionen zum Thema „Essen“ sind für Familien jedoch nicht zu befürchten.
- Per Auto und mit festen Übernachtungen entfällt die lästige Quartiersuche. Außerdem können wir geradezu hemmungslos im Supermarkt zuschlagen – wir müssen die Beute ja nicht tragen!
- Die Kombination aus Kultur und Kulinarischem gefällt Eltern und Kind. Was die Kultur angeht, bietet Wallonien einfach viel Skurriles und das Gefühl, abseits ausgetretener Touristenpfade auf Entdeckertour zu sein.

Nachteile dieser Reiseform:

- Dank der vorgebuchten Unterkünfte ist man zwar nicht so flexibel, andererseits ist Wallonien so klein, dass sich von überall fast alle Ausflüge organisieren lassen.
- Für Figurbewusste und Gesundheitsfanatiker ist die fette und kohlenhydratreiche Küche eine echte Herausforderung.

Erholung oder Abenteuer?

Dank des kulinarischen Schwerpunkts haben wir uns ganz bewusst dagegen entschieden, auf Teufel komm raus alle Sehenswürdigkeiten abzuklappern. Unter dem Strich war das eine sehr entspannende Entscheidung.

Das würden wir beim nächsten Mal anders machen:
Eigentlich nichts. Oder doch, ein kleines Detail: eine richtig gute Kühlbox mitnehmen, um noch mehr Schokolade und Pralinen unbeschadet nach Hause zu transportieren.

Der ultimative Reisetipp für Wallonien:
Viele belgische Spezialitäten werden in kleinen Manufakturen hergestellt. Praliniers, Brauereien, Metzger und all die anderen Hersteller bieten fast überall Führungen an oder lassen sich schnell zu einem Blick in die Fabrikationsräume überreden. Unsere Favoriten:

Bonbons à l'Ancienne (Cuberdons):
www.cuberdons.eu
Les chocolats d'Edouard:
www.leschocolatsdedouard.com
Brasserie de Bellevaux:
www.brasseriedebellevaux.be
Chocolatier Defroidmont:
www.chocolatier-defroidmont.be

Spartipps:
Besonders günstig sind die Chambres d'hotes, die wallonische Variante des Bed & Breakfast, wie man sie beispielsweise unter www.chambresdhotes.org, http://maisondhote.com oder www.gitesdewallonie.be findet. Günstige Zimmer sind schon ab 50 Euro zu haben. Bucht man sie gleich für eine ganze Woche, sinken die Preise erheblich. In Anbetracht der kurzen Distanzen in der Wallonie ist das eine echte Alternative.

Lediglich das Balade des Gnomes ist mit Preisen von etwa 150 bis 225 Euro für das Doppelzimmer inklusive Frühstück hochpreisig, aber eben auch eine Attraktion.

Allgemeine Infos:
www.belgien-tourismus.de
www.wallonie.be

Fazit:

Die Reise war erstaunlich günstig und dank des kulinarischen Mottos voller spannender Momente. Einige der belgischen Spezialitäten gehören mittlerweile zum Familien-Standardrepertoire und sorgen dafür, dass die Reise nicht in Vergessenheit gerät.

„Which lake are you?" – Familien-Sprachurlaub im Lake District

Text und Interview: Geraldine Friedrich

Urlaubsform:
Sprachurlaub im Lake District (GB) mit der gesamten Familie mit dem Anbieter English Experience

Beteiligte: Nicole (41), Rolf (49) und Kira (7)

Dauer: 7 Tage

Reisedistanz: 1,5 Flugstunden Düsseldorf – Manchester

Reiseverkehrsmittel: Flug, ÖPNV, der Transfer vom Flughafen Manchester zum Lake District war inklusive

Kostenfaktor: 745 Euro pro Person plus etwa 150 Euro für den Flug, absolut betrachtet ein teurer Urlaub, aber im Verhältnis zu anderen Sprachreise-Anbietern günstig. Das Preis-Leistungs-Verhältnis empfanden die Reisenden als günstig.

Vorbereitungszeit: gering

Wie kamen Sie darauf, mit Ihrer siebenjährigen Tochter einen Sprachurlaub zu buchen?

Nicole: Meine Tochter lernt Englisch, seit sie zwei ist, und zwar nach der Helen-Doron-Methode, das bedeutet, dass den Kindern die Sprache altersgerecht über Spiele und Lieder näher gebracht wird. Wir wollten nun den Praxistext wagen und dachten, dass uns Eltern selbst ein paar Englischstunden sicher auch nicht schaden.

Wie sind Sie auf Ihren Anbieter gestoßen?

Über einen Flyer, der in der Sprachschule unserer Tochter auslag. Normalerweise sollten teilnehmende Kinder mindestens acht Jahre alt sein, aber weil unsere Tochter schon länger Englisch lernt, war die Teilnahme mit sieben Jahren auch okay.

Waren die Kinder alle im selben Alter?

Nein, überhaupt nicht, die Teilnehmer waren sehr unterschiedlich: Es gab eine Mutter mit elfjährigem Sohn, eine Familie mit neunjähriger Tochter, die in Englisch auf Fünf stand, und drei allein reisende Teenager im Alter von dreizehn bis vierzehn Jahren. Unsere Erwartungshaltung war eher niedrig, denn wie soll man sein Englisch verbessern, wenn sowohl Organisatoren als auch Mitreisende Deutsch sprechen?

Wie lief denn der Sprachkurs vor Ort ab?

Um es gleich vorwegzunehmen: Es gab kein Vokabelpauken im Klassenzimmer, wie man sich das vielleicht vorstellt. Eine Sprachlektion bestand darin, die Seen des Lake District an ihren Umrissen zu erkennen und dann selbst einen See darzustellen. Jeder musste sich also mit Namen, Größe und Lage des darzustellenden Sees vorstellen: „I am Lake Grasmere, I am larger than Rydal Water and smaller than Lake Windermere – which lake are you?“ So ging das weiter über Besonderheiten eines jeden Sees, und am Schluss lagen alle auf dem Boden und stellten die Form des eigenen Sees mit dem Körper nach. Ich habe im Kurs drei Dinge gelernt: Erstens: Ich kenne nun alle Seen des Lake District mit Namen und Größe. Zweitens: Ich lerne Sprachen viel leichter, wenn ich mich parallel zum Sprechen bewege. Drittens: Ich kann mich beim Lernen tatsächlich amüsieren.

Wie war das Freizeitangebot?

Sehr umfangreich. Wir waren extrem viel draußen, teilweise haben wir Wanderungen von drei bis vier Stunden unternommen. Die Besuche im Beatrix-Potter-Museum und im Pencil-Museum waren Highlights für die Kinder. Außerdem gab es Rallyes, und die Kids mussten allein im Dorf die Zutaten für Scones, ein typisch englisches Gebäck, kaufen, die sie dann für uns Eltern gebacken haben. Alles lief auf Englisch. Während der Wanderungen ging Veranstalterin Claire immer wieder zu den Kindern und stellte ihnen kleine Aufgaben à la „I give you five words and you tell me a story“, beispielsweise „mountain“, „lake“, „sun“, „bridge“ und „bird“. Jedes Kind sollte zumindest probieren, sich auf Englisch auszudrücken. Es kam nicht auf Perfektion an, sondern auf den Einsatz. Wer sich sichtbar angestrengt hatte, wurde am nächsten Morgen mit bis zu fünf Aufklebern belohnt.

Und die Eltern?

Bekamen keine Aufkleber. Aber wir haben uns gleich am ersten Tag darauf verständigt, mitzumachen und untereinander und mit den Kindern Englisch zu sprechen.

Wie viel Zeit haben Eltern und Kinder gemeinsam bzw. getrennt verbracht?

Die meiste Zeit haben wir zusammen verbracht, aber es gab auch Gelegenheiten, bei denen die Eltern ihr eigenes Programm hatten, zum Beispiel eine Käse-Bier-Verkostung.

Der Kurspreis war für Erwachsene und Kinder identisch – fanden Sie das gerechtfertigt?

Ja, denn einerseits orientierte sich der Kursinhalt an den Kindern, andererseits waren in dem Preis ja auch die Unterkunft in einer idyllisch gelegenen Jugendherberge, sämtliche Mahlzeiten bzw. Lunchpakete, alkoholfreie Getränke sowie Ausflüge für Erwachsene und Kinder enthalten. Wir haben den Preis mit denen anderer Anbietern verglichen und kamen zu zwei Ergebnissen: Ein vergleichbares Angebot, in dem Eltern und Kinder zusammen Englisch lernen, gibt es nicht – häufig findet eine Art getrennter Unterricht statt. Andere Angebote enthielten nur Frühstück und bei Weitem kein so umfangreiches Freizeitangebot.

Reicht denn eine Woche aus?

Am Ende der Woche musste jedes der Kinder eine Präsentation auf Englisch halten – und wir waren über die Ergebnisse verblüfft. Unsere Tochter präsentierte ein Plakat mit den typischen Merkmalen der Landschaft im Lake District. Auch im Nachhinein hörten wir von anderen Kursteilnehmern nur Positives. Letztendlich hat Englisch sprechen auch viel mit Selbstbewusstsein und dem Abbau von Sprachhemmungen zu tun. Und das haben die Veranstalter in unserem Kurs hervorragend hinbekommen.

Vorteile dieser Reiseform:

- Wir alle haben den Kurs nicht als Arbeit empfunden, das Lernen lief stets anwendungsbezogen und machte Erwachsenen und Kindern großen Spaß. Das Programm war sehr originell und abwechslungsreich.
- Mahlzeiten, Lern- und Freizeitprogramm waren perfekt organisiert, die kleine Gruppe verstand sich gut. Die Veranstalter schafften es, eine angenehme Gruppendynamik aus Kindern mit Eltern und allein reisenden Jugendlichen zu schaffen.
- Bereits eine Woche Kurs hat unserer Tochter sehr viel gebracht. Wir haben auch von den anderen Teilnehmern gehört, dass deren Kinder ihre Englischnoten in der Schule stark verbessern konnten.

Nachteile dieser Reiseform:

- Es ist nicht gerade billig, aber: Wir fanden den Preis sehr angemessen, auch angesichts des Ergebnisses.
- Unser Veranstalter eignet sich nicht für überzeugte Couch-Potatoes. Eine gewisse Grundfitness kombiniert mit Spaß an Bewegung in frischer Luft sollte vorhanden sein.

Erholung oder Abenteuer?

Definitiv keine Erholung. Wir haben uns extrem viel bewegt, haben viel gesehen und sehr viel gelernt.

Das würden wir beim nächsten Mal anders machen:
Nichts.

Der ultimative Reisetipp:
Das Beatrix-Potter-Museum in Bowness-on-Windermere ist einen Besuch wert.

Spartipps:
Im Preis ist ja alles enthalten, die einzige Sparmöglichkeit besteht darin, einen günstigen Flug nach Manchester zu ergattern.

Währung:
1 Pfund = ca. 1,28 Euro (Stand 09.01.2015)

Allgemeine Infos:
www.lakedistrict.gov.uk
www.english-experience.de

Fazit:

Wir sind froh, dass wir bei diesem Anbieter gelandet sind. Den nächsten Sprachurlaub wird unsere Tochter allein machen. Entweder wird es wieder eine English Experience oder sie fährt in eine Summer School mit Kindern aus aller Welt.

Mit Kind und Kuh: Kulinarischer Müßiggang auf Südtiroler Bauernhof

von Raimund Haser

Urlaubsform:
Urlaub auf einem Südtiroler Bauernhof

Beteiligte: Mia (11 Monate), Corinna und Raimund (beide 38)

Dauer: 5 Tage

Reisedistanz: rund 340 Kilometer

Reiseverkehrsmittel: Anreise mit eigenem Auto

Kostenfaktor: etwa 800 Euro für Benzin, Unterkunft und Verpflegung – Ausflüge inklusive

Vorbereitungszeit: Buchen, hinfahren, fertig. Da die Appartements in der Haupturlaubszeit am liebsten wochenweise vermietet werden, sollte man mindestens drei Monate vorher reservieren.

Gegen die Bullenhitze hilft nur Bier. Sepp wischt sich den Schweiß von der Stirn, bevor er sich daran macht, die nächste Fuhre fertiger Schüttelbrote aus dem selbst gebauten Backofen zu holen. Mia wird noch viele dieser kernig knackigen Brote verschlingen – später einmal, da bin ich mir sicher. Im Moment ist sie aber noch nicht einmal ein Jahr alt, isst am liebsten Zermahlenes und Zerhacktes und sitzt mit ihrer Mutter in der Ferienwohnung über der Backstube, während ich beim Brotbacken helfe. Corinna und ich haben uns dieses Mal bewusst für einen Urlaub auf dem Frötscherhof in Südtirol entschieden, ohne Kinderbetreuung und festes Programm.

Es riecht nach Ingwer, Anis und Schweiß. Der Weiß- und Roggenmehl-Teig klebt uns allesamt an Hemd, Schürze und Händen. „Das darf ruhig dicker sein", sagt Anna lächelnd. Die Hofherrin ist es gewohnt, Gäste bei der Arbeit zu korrigieren, ohne ihnen gleich den Spaß zu nehmen.

Handarbeit hat etwas Befreiendes. Vor allem, wenn Mithelfen auf dem Hof ein „Kann" ist und kein „Muss". Das Gefühl, wirklich etwas geschafft zu haben, zeigt sich beim Brotbacken oder bei der Entdeckungstour durch den beschaulichen Kuhstall. Auf den Regalen der Backstube liegen schon bald die Früchte unserer Arbeit. Zweihundert harte Fladenbrote haben wir in rund drei Stunden gebacken. Schüttelbrote, mit denen wir uns als Kind immer verdroschen haben, bevor wir sie zu Speck und Käse verschlungen haben.

Das war vor langer Zeit, als wir beide noch selbst Kinder waren und wir in Südtirol zum Wandern verdonnert wurden. Mit Kniebundhosen und selbst gestrickten Jacken ausstaffiert, mussten wir uns das Brot verdienen. Doch mit der Pubertät wandelte sich des Müllers Lust in akuten Wanderfrust, damit folgte auch der Abschied von den Bergen im Sommer. Und jetzt? Meine Frau und ich haben das Wandern und Klettern als Erwachsene unabhängig voneinander wiederentdeckt. Zu zweit ging es dann immer öfter in die Berge – zunächst nach Südtirol, danach nach Kanada, Uganda oder Thailand. Das, was uns dabei fasziniert, wollen wir auch unserer kleinen Mia näher bringen: Freiheit, Ruhe, Bewegung und wahnsinnig schöne Augenblicke. Aber wann ist der richtige Zeitpunkt dafür? Geht das denn, wenn sie selbst kaum gehen kann? Hat sie was davon? Ich glaube ja. Sie spürt während dieser fünf Tage unsere Zufriedenheit und Ruhe. Sie sieht, was wir sehen, und lernt, damit umzugehen. Sie nimmt etwas mit. Da bin ich mir sicher.

Als ich die Backstube verlasse und Mia ausgeschlafen hat, machen wir uns zu dritt auf den Weg, um im Stall nach dem Rechten zu sehen. Dort wird uns klar, warum es gut war, sich für einen Bauernhof zu entscheiden. Milch, Eier und Käse stammen von den achtzehn Kühen, drei Ziegen und zwanzig Hühnern, die wir nun fast alle mit Vornamen kennen. „Unsere jüngste Kuh heißt Caro“, sagt Sepp, „die haben wir nach unserer Hof-Praktikantin benannt.“ Caro, Anfang zwanzig, scheint die Namenswahl nicht übel zu nehmen, sie liebt nicht nur Kühe, sondern auch Kinder. Wie alle hier – auch daran hat sich in den letzten dreißig Jahren nichts geändert.

Was uns gefällt: Jedes Produkt, das zum Frühstück oder zur abendlichen Vesper gereicht wird, kommt vom Hof. Mia hat sich während des Gesprächs über naturverbundene Landwirtschaft, den Milchpreis und touristische Attraktionen bereits auf Entdeckungsreise gemacht. Sie streichelt die Tiere, genießt es, dass ihr derzeit nur wenige Kinder Konkurrenz machen, und lacht buchstäblich über jeden Dreck auf dem Boden. Tiere wie Menschen haben es gut hier. Sie genießen die Aussicht auf Brixen und auf all das, was Anna und Sepp ihnen bieten. „Man muss gerne Bäuerin sein, sonst geht das nicht", sagt Anna. Und man muss einen Mann wie Sepp haben, der alles mit einer Leichtigkeit erledigt, die ansteckend ist.

Das Ehepaar bewirtschaftet den jahrhundertealten Bauernhof auf einer Anhöhe bei Mellaun. Sie haben trotz der harten Arbeit auf dem Hof eine wunderbare Art, miteinander umzugehen, erfüllen den Raum mit Freundlichkeit, begegnen ihren Gästen warmherzig. All das überträgt sich auf uns, und spätestens dann, wenn Onkel Hans zum Hüttenabend samt Zither, Akkordeon und allerhand wilden Instrumenten lädt, fühlt man sich fernab aller E-Mails und Probleme. Mia schläft, während wir Gäste des Hauses Tiroler Liedern und Geschichten zuhören. Das abendliche Sprachengewirr mit deutschen Dialekten endet mit einem freundschaftlichen „Du" und mit etwas zu viel Südtiroler Rotwein nach Lagreiner Art.

„Geht doch mal auf die Plose", rät uns Anna schließlich und schickt uns damit prompt am kommenden Tag auf ihren Hausberg, nur zehn Minuten vom Hof entfernt, wo uns die Kabinenbahn in luftige Höhen bringt. Ein Abenteuerweg samt Holzkunst, Rutschbahn und Barfuß-Erlebnispfad führt hinauf zur Jause auf die Rossalm, wo köstliches Essen, eine prächtige Aussicht, Liegestühle und ein kleinkindtauglicher Abenteuerspielplatz warten. Für den Weg brauchen wir nicht einmal die Kraxe – mit dem geländegängigen Kinderwagen sind wir hier gut unterwegs, auch wenn wir ab und an kopfschüttelnde Blicke ernten, die uns zu verstehen geben, dass wir das dem „armen" Kind doch nicht antun müssen. Aber: Von wegen antun. Mia fühlt sich pudelwohl, Kühe kreuzen unsere Wege, an den Spielgeräten sucht sie trittunsicher nach der Balance. Die Dolomiten-Gipfel in der Ferne schauen freundlich und still auf uns herab. Und die Eltern? Die haben ihr Pensum Sport für heute gehabt.

Zurück im Tal ruft dann aber doch wieder die Zivilisation, denn Brixen ist eine kulturell ansprechende, historisch bedeutende Stadt. Davon hat unsere Tochter zwar nichts, wir Erwachsene dafür umso mehr. Denn wo es schön ist, lassen sich auch Boutiquen und Sportgeschäfte nieder. Und wer sagt, dass man Wandern und Shoppen nicht verbinden kann? Also geht's mit Tüten bepackt zurück zum Auto – Wanderschuhe für Mia sind auch mit dabei. Das mit dem Laufen dauert ja nicht mehr lange, und zum Schlittenfahren im Winter sind die Treter sicher praktisch. Zurück auf dem Hof treffen wir Anna beim Apfelpflücken. Mit frischen Tipps für den nächsten Tag verziehen wir uns am Abend in unser Appartement. Mia fällt erschöpft ins Bett. Umso mehr bleibt auch mal Zeit zu zweit.

Für den kommenden Nachmittag haben wir uns zu einer ganz besonderen Führung angemeldet: Einblicke in die Klöster der Stadt bieten uns die achtundachtzigjährige Klarissen-Schwester Elfriede, die lange mit den Tertianerinnen in Kamerun war, bevor sie sich hier zurückgezogen hat, und der siebenundsiebzigjährige Abt Cassian, der uns durch die beeindruckende, jahrhundertealte Bibliothek des Kapuzinerklosters führt. Zu den Highlights der Klosterführung gehören handschriftliche Predigten „aus der Zeit der Türkenkriege“, Atlanten aus dem 15. Jahrhundert und prachtvoll geschmückte Bibeln aus allen Jahrhunderten, die für jedermann zugänglich sind. Nix für Mia, aber Pustekuchen: Sie sitzt vergnügt auf dem Arm, krabbelt bei Gesprächsbedarf während der Führung munter durch die Bibliothek und verhält sich so ruhig, dass sogar die zunächst naserümpfenden Mitgänger anerkennend nicken, anstatt – wie zu Beginn – den „Was müssen die jetzt auch noch ihr Kind hierher schleppen"-Blick aufzusetzen. Als Belohnung fürs Bravsein gibt's für Mia einen Spaziergang durch den Klostergarten, in dem Blumen blühen und Kräuter wachsen.

Der nächste Tag gehört dann wieder ganz den Bergen – rund um Brixen gibt es viele Almen, die auf gerodeten Anhöhen Kühe, Ziegen und Gasthäuser beherbergen. Ein guter Tipp unserer Gastgeber war hier die Villander-Alm, die bequem mit dem Auto und über einen kurzen Fußweg erreichbar ist und von wo aus man einen wunderbaren Blick auf die Sella-Gruppe und die Dolomiten hat. Mia schaukelt auf der Terrasse, während Mama und Papa einen Kaffee schlürfen – was braucht der Mensch sonst?

Fehlt nur noch ein Abstecher nach Bruneck ins Messner Mountain Museum. Der Extrem-Bergsteiger setzt sein Geld und viel Energie in Projekte, die uns zum Nachdenken anregen sollen. Mitdenken kann Mia noch nicht, aber mit muss sie trotzdem. Wie das geht? Ganz einfach: Hinfahren, sich in der Burgschenke erst mal kräftig stärken und dann mit großem „Hui, schau mal!" und „Guck mal, was da ist!" durch die Gänge huschen. Auch das macht Mia prima mit. Geplättet ob der vielen Eindrücke sinkt sie noch während der Tour in einen sanften Mittagsschlaf. Das ist nicht die ungünstigste Situation, wenn Eltern mit Kleinkind ein Museum für Erwachsene besichtigen wollen.

Nach dem Blick auf das, was der Mensch in den vergangenen Jahrhunderten den Bergen angetan hat, sehen wir das, was die Landwirte mit dem Konzept „Roter Hahn" erreichen wollen, mit anderen Augen. „Es geht darum, die bäuerliche Landwirtschaft in ihrer jetzigen Form zu erhalten", zitiert Anna aus den Statuten, als wir nach unserer Rückkehr nach Mellaun darauf zu sprechen kommen. Nicht „mehr Kühe sollen immer mehr Ertrag bringen" soll das Ziel aller Bemühungen sein, sondern das, was man gemeinhin „Auskommen" nennt, „auskommen mit dem, was man hat", sagt Anna. Also: Landwirtschaft und Tourismus in einem positiven, naturnahen Miteinander. Damit alles so bleiben kann, wie es ist.

Als krönenden Abschluss unserer Reise ins Land der Schüttelbrote, Almen und Museen führt uns Annas Tipp in einen der vielen Buschenschanken, die nicht nur Landwirtschaft und Tourismus, sondern auch bäuerliche Lebensart und hoch anspruchsvolle Küche miteinander verbinden. „Da gehen sogar die Italiener zum Essen hin", sagt Anna, „und das will was heißen." Bei in Butter gezogenen Teigtaschen, die man Schlutzkrapfen nennt, und anderen Südtiroler Spezialitäten klingt die Reise in unsere Vergangenheit aus, der Duft von Ingwer und Anis bleibt uns anschließend aber noch wochenlang in der Nase.

Vorteile dieser Reiseform:

- Auf einem Bauernhof gehören die Gäste mit dazu, sie nehmen am Leben der Familie teil, werden zur Hofarbeit eingeladen und lernen viel über Landwirtschaft.
- Höfe liegen häufig in einer exponierten Lage und nicht mitten in der Stadt. Es ist also meistens sehr ruhig und man ist sozusagen für sich.
- Das Konzept „Roter Hahn" verfolgt ein nachhaltiges Tourismuskonzept. Hinter der Marke, die versucht, Produktion, Handel und Tourismus zu vereinen, steht der Südtiroler Bauernbund. Die Höfe werden regelmäßig geprüft und müssen sich

an strenge Vorgaben halten. Zum Beispiel muss eine bestimmte Anzahl von Produkten vom Hof selbst stammen, der Rest der den Gästen servierten Produkte sollte – wenn möglich – aus Südtirol sein. Der Urlaub eignet sich für Kinder jeden Alters. Kinder kommen mit Tieren in Berührung, sind den ganzen Tag draußen, erleben eine gute Mischung aus Spiel, Bergerlebnis und Stadt. Da die Höfe meist nur wenige Appartements anbieten, kommen Besucher schnell mit den Gastgebern ins Gespräch.

Nachteile dieser Reiseform:

- Komfort und Ausstattung der Höfe lassen sich nicht mit einem Familienhotel vergleichen. Man muss sich und sein Kind selbst beschäftigen. Kinderbetreuung usw. gibt es keine.
- Höfe liegen immer außerhalb von Städten. Ohne Auto ist der Urlaub also nicht empfehlenswert.

Erholung oder Abenteuer?

Eher Erholung. Der Urlaub ist dazu geeignet, städtisch geprägten Kindern oder Erwachsenen das Leben auf dem Land näherzubringen und das Bewusstsein für die Arbeits- und Lebensweise der Bauern zu schärfen. Wer „Action“ und Abenteuer sucht, sollte eine andere Reiseform wählen.

Das würden wir beim nächsten Mal anders machen:

Wir sind davon ausgegangen, dass wir mehrmals abends essen gehen. Das ist utopisch, denn die Restaurants liegen zu weit entfernt und mit Kleinkind isst man entspannter in den eigenen vier Wänden. Dafür packt man idealerweise eine Grundausstattung an Lebensmitteln wie Salz, Öl, Essig ein.

Der ultimative Reisetipp für den Urlaub auf dem Südtiroler Bauernhof:
Die Region rund um Brixen ist bekannt für ihre Almen. Schön sind die Villander Alm oder auch die Plose. Die Städte darf man gerade mit Kindern nicht links liegen lassen. Brixen ist die ideale Einkaufsstadt, Bruneck nicht nur wegen des Messner Mountain Museums (www.messner-mountain-museum.it) eine Reise wert. Wenn es sich irgendwie verbinden lässt, gehört in Südtirol auch ein Abstecher nach Bozen oder Meran dazu. Die Städte verbinden österreichische, alpine und italienische Lebensart.

Spartipps:
Die Möglichkeiten des Appartements nutzen und selbst kochen. Mit der kostenlosen Brixen Card (sofern die Unterkunft wie im Falle des Frötscherhofs in oder um Brixen liegt) sind Busse, Züge, Bergbahnen und sogar Museen wie das Messner Mountain Museum gratis. www.brixencard.info

Allgemeine Infos
zu Südtirol finden sich unter www.suedtirol.it, über den Roten Hahn, das Konzept, die Bauernhöfe und Buschenschanken unter www.roterhahn.it und natürlich auch auf www.froetscherhof.com.

Fazit:

So ein Bauernhofurlaub ist vielleicht nicht so spannend wie ein Cluburlaub mit Programm. Soll er aber auch gar nicht. Zur Not helfen Wandern und Lesen gegen die Langeweile. Also: Bücher einpacken, abschalten und dem Müßiggang frönen.

Haustausch mit drei Kindern: Familienurlaub, ohne Tourist zu sein

Text und Interview: Geraldine Friedrich

Urlaubsform:
etwa 20 Haustausche
in den vergangenen 10 Jahren

Beteiligte: Nina (41), Torsten (41), Rasmus (16), Lilith (6) und Clara (5)

Dauer: zwischen 3 Tagen und 4 Wochen

Reisedistanz: Belgien, Dänemark, England, Irland, Niederlande, USA

Reiseverkehrsmittel: Auto, Zug, Flug, je nach Reisedistanz

Kostenfaktor: Beim Haustausch bezahlen die Beteiligten die Unterkunft mit dem jeweils eigenen Heim, daher günstig. Die Anreisekosten hängen davon ab, mit wem man wo tauscht.

Vorbereitungszeit: Für den ersten Tausch sollte man mindestens zwei bis drei Monate einplanen, insbesondere wenn man eine der üblichen Haustauschplattformen nutzt.

Was reizt Sie am Haustausch?

Nina: Haustausch ist für mich ein wenig wie Weihnachtsgeschenke auspacken. Was verbirgt sich hinter der

Haustür, die ich zum ersten Mal aufschließe? Das finde ich immer wieder aufregend, obwohl ich ja mittlerweile nach rund zwanzig Urlauben dieser Art sehr haustauscherfahren bin. Grundsätzlich gefällt mir an der Reiseform, dass ich in ein vollständig eingerichtetes Heim komme und in die Normalität einer anderen Familie eintauche. Für Kinder ist Haustausch tatsächlich wie Weihnachten, denn oft ist jede Menge Spielzeug vorhanden, das sie von zu Hause nicht kennen.

Haustausch schont doch auch die Urlaubskasse?

Das stimmt, das ist ein klares Argument für diese Reiseform. Ich tue mich allerdings schwer damit, diesen Aspekt in den Vordergrund zu stellen. Zum einen muss man der Typ dafür sein und erst einmal an das Gute im Menschen glauben. Jemand, der ständig darüber nachgrübelt, was gerade in seinem Haus passieren könnte, verbringt sicherlich keinen entspannten Urlaub. Zum anderen bedeutet ein Haustausch, zumindest wie ich ihn verstehe, im Vorfeld eine hohe Zeitinvestition. Sei es, dass man erst einmal einen geeigneten Tauschpartner findet, und wenn dies geschehen ist, für die Tauschpartner Listen mit Einkaufstipps und Bedienhinweise für das eigene Heim schreibt, kurz vor dem eigentlichen Tausch das Haus auf Vordermann bringt, vor der Abreise noch den Kühlschrank für die Gastfamilie füllt und die Betten frisch bezieht.

Wie finden Sie Ihre Tauschpartner und wie einfach ist das?

Wir sind Mitglied in zwei der bekannten Haustauschplattformen und bezahlen dafür monatlich etwa 20 Euro. Die zweifache Mitgliedschaft erhöht unsere Chancen auf gute Tauschpartner, da wir selbst nicht an einer der im Ausland sehr beliebten Locations wie München oder Berlin leben. Der Standort des eigenen Heims spielt eine sehr große Rolle. Tauschpartner in Berlin, London oder New York bekommen natürlich viel mehr Anfragen.

Wie schnell man einen Tausch tatsächlich organisieren kann, hängt davon ab, wie zeitlich flexibel man ist und wie attraktiv das eigene Tauschobjekt, sprich das eigene Heim. Ich finde es immer putzig, wenn ich lese: „Suche Tauschpartner in New York für Ostern zwischen 18. und 25. April." Das ist natürlich sehr unrealistisch. Wir leben in einem Dorf mit dreihundert Einwohnern, da muss man Kompromisse machen.

Wie erkennen Sie, ob ein Tauschpartner in Frage kommt?

Zuerst an der Reaktionszeit. Potenzielle Tauschpartner, die echtes Interesse an einem Tausch mit mir und meiner Familie haben, reagieren schnell. Wenn die Kommunikation stockend verläuft und eine Antwort erst Tage später kommt, ist das ein klares Indiz dafür, dass das Interesse nicht so groß ist oder der mögliche Tauschpartner noch diverse andere Eisen im Feuer hat. Wir haben ja ein Haus in einem sehr kleinen Ort auf dem Land, das muss der Tauschpartner schon wollen.

Mir selbst ist es wichtig, dass wir das Haus oder das Apartment in einem sauberen Zustand übernehmen und mir dessen Einrichtung gefällt. Wenn ich auf den Fotos des Tauschpartners erkenne, dass es in einem kruden Mix zwischen Ikea und Gelsenkirchener Barock eingerichtet ist, kommt das für mich nicht in Frage. Ich möchte im Urlaub nicht schlechter wohnen als zu Hause, sonst verbringe ich keinen entspannten Urlaub.

Haben Sie auch schon negative Erfahrungen gemacht?

Einmal kamen wir in ein Haus auf Mallorca, da sah es aus, als hätte die Familie alles stehen und liegen lassen: die benutzte Kaffeetasse neben dem Kühlschrank, die getrockneten Nudelreste in der Spüle – schon beim Betreten des Hauses roch es nach nassem Hund. Bei ihrer Abreise haben sie wiederum auf eigene Kosten eine Putzfrau für unser Heim bestellt. Es muss schlimm ausgesehen haben. Die Putzfrau berichtete mir, sie habe sich, als sie unser Haus nach der Abreise unserer Tauschpartner betrat, erst einmal hingesetzt und geweint. Es war alles durcheinander, die Spüle stand voll von benutztem Geschirr, die Mülleimer waren nicht geleert, der Boden übersät mit Altpapier. Dies war allerdings Gott sei Dank eine Ausnahme.

Bei einem anderen Tausch mit einem sehr schönen Haus im Norden Englands hatten wir es mit genervten Nachbarn zu tun. Unsere Tauschpartnerin dort unternahm wohl einen Haustausch nach dem anderen und hat jedes Mal ihre Nachbarn als Ansprechpartner eingespannt. Grundsätzlich ist es eine gute Sache, die Nachbarn einzuweihen. Der Mann war sehr offen, die Frau jedoch von den vielen verschiedenen Tauschaktionen offensichtlich genervt. Und so gab es einige unerfreuliche Missverständnisse. So etwas trübt den Urlaubsspaß. Seitdem mache ich meine Vorstellungen vor einem Haustausch sehr deutlich und bespreche lieber ein Detail zu viel als zu wenig.

Was legen Sie vorab alles fest?

Ich habe mittlerweile eine Liste angelegt, auf der alle Punkte im Detail stehen und die ich immer wieder modifiziere. Beispielsweise, dass jeder Duschgel, Shampoo und Bodylotion für den Tauschpartner zur Verfügung stellt, das erspart gerade bei Flugreisen enorm Gewicht. Oder dass jeder Tauschpartner dem anderen den Kühlschrank für die ersten ein bis zwei Tage füllt, damit er sich nach der Ankunft schnell ein Willkommensmenü kochen kann und nicht sofort einkaufen muss. Das sind zwar nur Kleinigkeiten, aber die erleichtern beiden das Ankommen und wirken einfach nett. Außerdem erhält man einen kleinen Crashkurs in die lokalen Essgepflogenheiten.

Was passiert, wenn etwas kaputt geht?

Bislang waren es nur Kleinigkeiten, ich habe versehentlich Badvorleger meiner Tauschpartner mit Bleichmittel ruiniert. Als ich den Schaden bezahlen wollte, haben diese nur abgewunken. Umgekehrt habe ich auch schon zwei Strafzettel für meine Gastfamilie bezahlt. Ich sehe das entspannt. Über den Garantiefonds der Tauschbörse sind Schäden, die weder Haftpflicht- noch Hausratversicherung bezahlen, in einer Höhe von bis zu 2.500 Euro abgesichert.

Und was passiert, wenn der Tauschpartner in den USA kurzfristig absagt, die eigenen Flüge aber bereits gebucht sind?

Man schließt den Vertrag ja immer mit dem Tauschpartner, nicht mit der Tauschbörse. Für den Fall, dass der Tauschpartner einen bereits vereinbarten Haustausch kurzfristig aufgrund von Unfall, Krankheit oder Todesfall in der Familie absagt, kann man eine spezielle Versicherung abschließen. Sie kostet 20 Euro jährlich und deckt zusätzliche Kosten für die Unterkunft bis zu 2.000 Euro ab. Die Kosten für Flugstornierungen werden allerdings nicht übernommen. Heißt konkret: In so einem Fall fliegt man zur ursprünglich vereinbarten Zeit, die Tauschbörse versucht vor Ort einen anderen Tauschpartner zu finden, und falls das nicht klappt, bekommt man 80 Prozent der Übernachtungskosten im Hotel bis insgesamt maximal 2.000 Euro bezahlt. Wir haben kürzlich spontan eine Gastfamilie aufgenommen, deren Tauschpartner absagen musste. Diese Versicherung bietet meines Wissens ausschließlich HomeLink.

Was raten Sie Neulingen, die ihre Wohnung oder ihr Haus tauschen wollen?

Auf den Bauch hören, sei es bei der Frage, ob man wirklich bereit ist für einen Haustausch, oder auch beim konkreten Tauschobjekt. Im Zweifel sollte man sich nicht von einem vermeintlich attraktiven Ziel dazu hinreißen lassen, das einem nicht besonders zusagt. Lieber etwas länger suchen, und dann das Richtige wählen.

Vorteile der Reiseform Haustausch:

- Sie ist günstig, da man die Unterkunft mit dem eigenen Heim bezahlt. Daher bleibt mehr Budget für die Anreise und für Ausflüge vor Ort.
- Eine Tauschwohnung ist vollständig eingerichtet, gerade für Kleinkinder ist die vorhandene Infrastruktur wie Wickeltisch, Töpfchen, Kindersitz etc. ideal.
- Das Eintauchen in die Normalität einer anderen Familie gibt einem weniger das Gefühl, Tourist zu sein, häufig ist der soziale Anschluss zu Nachbarn oder Freunden der Tauschpartner inklusive.

Nachteile der Reiseform Haustausch:

- Für einen gelungenen Haustausch beider Partner ist eine sehr gründliche Vorbereitung erforderlich. Das kostet Zeit und manchmal auch Nerven.
- Durch gute Vorbereitung kann man weitgehend böse Überraschungen ausschließen, eine hundertprozentige Sicherheit gibt es aber nie.
- Die Reiseform eignet sich nicht für Kontrollfreaks, die stets Angst um das eigene Heim haben.

Erholung oder Abenteuer?

Beides. Die Ankunft ist immer Abenteuer, der Aufenthalt in den eigenen vier Wänden, wenn auch nur geliehen, ist erholsamer als im Hotelzimmer.

Das würden wir beim nächsten Mal anders machen:

Nichts, dank der rund zwanzig Haustausche haben wir unsere Vorgehensweise weitgehend optimiert.

Der ultimative Reisetipp für den Haustausch:

Wichtige, persönliche Dokumente, Laptops und besondere, wertvolle Gegenstände vor dem Tausch in ein separates Zimmer räumen und dieses abschließen.
Über meine Erfahrungen schreibe ich auf www.butterzart.com/blog/haustausch/.

Spartipps:

Gerade bei Tauschpartnern, die per Flugzeug anreisen, sich über unnötigen Ballast wie Shampoo und Duschgel verständigen. Auch der Tausch des Autos ist möglich und spart Geld, erfordert aber vorab eine gründliche Klärung mit der Versicherung.

Allgemeine Infos:
www.haustauschferien.com
www.homelink.com

Fazit:

Haustausch ist und bleibt für uns eine unserer Lieblings-Reiseformen.

Sehnsuchtsziel Budapest: Städtetrip mit Kleinkind und Großeltern

von Nadine Kraft

Urlaubsform:
Kurzurlaub mit Großeltern in einer Ferienwohnung

Beteiligte: Reinhard (54), Nadine (35), Bente (1,5), Hannelore (56) und Norbert (60)

Dauer: 5 Tage

Reisedistanz: rund 700 Kilometer Luftlinie Berlin – Budapest

Reiseverkehrsmittel: Flugzeug, vor Ort Taxi und öffentlicher Nahverkehr

Kostenfaktor: mittel, durchschnittlich ca. 150 Euro pro Tag für Restaurantbesuche, Lebensmittel und Eintrittsgelder, 230 Euro pro Flug und 500 Euro für eine etwa 130 Quadratmeter große Wohnung mit 3 Schlafzimmern, pro Person etwa 480 Euro für den gesamten Urlaub. Für Bente war der Flug bis auf Steuern und Flughafengebühren gratis.

Vorbereitungszeit: kurz; Flüge und Ferienwohnung frühzeitig (etwa ein halbes Jahr vorher) buchen spart Geld.

Für meine Mutter war Budapest immer eine Art Sehnsuchtsziel. Irgendwann zu tiefsten DDR-Zeiten war sie einmal dort gewesen. Seither schwärmt sie von der

Stadt an der Donau, wie es sonst nur wohlmeinende Reiseführer vermögen. Die Wärme. Die Donau. Die Altstadt. Ach! Es waren wohl ihre Träumereien, die mich für Budapest einnahmen. Ich habe viele Bücher von Sandor Marai gelesen, dem großen Erzähler der Ungarn, der Jahrzehnte im Exil auf die Wende wartete, dabei großartige Werke verfasste – und erst nach seinem Tod zu Ehren kam. Mit seinen autobiografischen Büchern über das Budapest des frühen 20. Jahrhunderts fütterte ich meine eigene Sehnsucht nach dieser angeblich schönsten Stadt Europas. Nicht zuletzt ist es auch den Ungarn zu verdanken, dass unsere Mauer fiel. Dafür hatten sie unseren Besuch verdient.

Es brauchte allerdings fast zwanzig Jahre der Nachwendezeit, bis wir endlich aufbrechen. Die fünftägige Fahrt im Mai wird zu einem doppelten Experiment: Wir gehen zum ersten Mal mit unserer knapp anderthalbjährigen Tochter auf Städtereise. Und wir nehmen die Großeltern mit. Bisher hatte ich es tunlichst vermieden, mit meinen Eltern auf Reisen zu gehen. Zu unterschiedlich sind unsere Bedürfnisse, zu verschieden die Interessen. Mein kleines Kind hat mich aber milde gestimmt, ich bin bereit, mich ganz auf diese neue Erfahrung einzulassen. Zudem hege ich die Hoffnung, dank mitreisender Babysitter auch ein wenig Freizeit zu bekommen.

Die erste Ernüchterung erleben wir direkt nach der Landung. Die rund zwanzigminütige Fahrt vom Flughafen in unsere Altstadtwohnung geht über eine zum Teil sechsspurige Magistrale, die die angrenzenden Stadtviertel mit ihren heruntergekommenen Wohnblocks einfach zerschneidet. Von goldenen Kuppeln, der blauen Donau und den herrschaftlichen Altstadthäusern weit und breit keine Spur. „Das sieht schlimmer aus als früher bei uns", sagt mein Vater nur lapidar. Der Rest schweigt.

Wir finden unsere Sprache wieder, als wir das marmorne Treppenhaus betreten, das zu unserer Ferienwohnung führt. Mit staunenden „Ahs" und „Ohs" durchschreiten wir den großzügigen Aufgang, von dem im Geviert um einen Innenhof die Wohnungen abgehen. Schon immer heißt es über die Budapester, sie zögen ins Mauseloch, um ihre herrschaftlichen Wohnungen an Touristen zu vermieten. Und so ist es wohl geblieben, was sicher auch an den hohen Preisen in der Stadt liegt. Ein Glück für uns. Denn ein Hotel kommt für uns als reisende Großfamilie nicht in Frage. Wir wollen am Abend gemütlich beim Tokajer, dem legendären Weißwein aus der gleichnamigen nordungarischen Stadt, klönen, während das Kind schläft. Über einen Ferienhausanbieter haben wir im Internet eine große Wohnung in der Leopoldstadt gemietet. Dieser nördlich der eigentlichen Innenstadt gelegene Stadtteil ist bebaut mit großzügigen Wohnblocks aus dem 19. Jahrhundert. Dort haben zahlreiche Ministerien und Verwaltungen ihren Sitz.

Das großbürgerliche Ambiente in unserer Ferienwohnung endet an der Eingangstür. Das Interieur ist bis auf den Flügel – Musik ist für die Ungarn ein essenzieller Bestandteil des Lebens – eher zweckmäßig und postsozialistisch schlicht. Die Lage jedoch entschädigt für alles: Neben uns die Freiheitsbrücke (nicht zu verwechseln mit der weltberühmten Kettenbrücke), die zweistöckige Große Markthalle (Nagy Vásárcsarnok) mit Lebensmittelständen, Schnellimbissen und Souvenirlädchen und in Sichtweite das Gellértbad, ein wahrer Badetempel im schönsten Jugendstil. Das wenige, was an altem Interieur in der Wohnung vorhanden ist, lässt uns bald schmunzeln: Knarrend ob des alten Parketts verabschieden wir uns abends hinter unsere üppigen Flügeltüren. Bis wir morgens vom ersten Klo-Gänger ebenso knarrend wieder geweckt werden. „So haben wir wenigstens genug Zeit für die Sehenswürdigkeiten", kommentiert meine Mutter gut gelaunt die familieninterne Ruhestörung.

„Ich muss jetzt was essen." Dieser Satz, so oder in Varianten formuliert, wird zum ständigen Begleiter – und sorgt für Ernüchterung Nummer zwei. Reist man mit Kleinkind und nicht gar so fitten Großeltern, muss gefühlt alle halbe Stunde jemand eine Pause machen. Mein Mann braucht einen Kaffee, was in Budapest dank der beinahe an Wiener Verhältnisse heranreichenden Caféhausdichte kein Problem ist. Mein Vater braucht was zu essen, meine Mutter was zu trinken und dann auch gleich ein Klo. Meine Tochter hat die Hose voll, will plötzlich laufen lernen, hat Hunger oder ist müde.

Nach dem ersten Tag ist meine Laune am Nullpunkt angelangt. Außer der Markthalle, in der wir für viel Geld einen ungarischen Gulasch zum Mittag essen und für den Abend Salami, Brot, Tomaten, Paprika und Wein erstehen, haben wir noch nicht sehr viel gesehen von der schönsten Stadt Europas. Ich fühle Zeitdruck, Anpassungsdruck und den Wunsch nach Einsamkeit. Ich will Jugendstil und Eklektizismus sehen, mich über den Luxusboulevard Andrássy út treiben lassen, hier im Café klönen und dort mit Leuten ins Gespräch kommen. Auch das Haus des Terrors besuchen und mehr über die Regime in Ungarn erfahren. Doch nichts und niemand spielt mit: die Ungarn nicht, denn irgendwie sind sie immer gehetzt unterwegs und wirken unnahbar. Und meine Familie schon gar nicht. Meine Mutter arbeitet zwar eine Art Gedächtnisprotokoll ab – Burgberg mit Fischerbastei, Parlament, Margareteninsel, die Künstlerstadt Szentendre –, doch die Wege dorthin lässt sie uns planen. Auf Ausflüge allein haben meine Eltern keine Lust und aufs abendliche Babysitten auch nicht so recht.

In der ersten Nacht beschließe ich, alle Erwartungen abzulegen und einfach mitzumachen. Denn abreisen kann ich nicht. Und mit schlechter Laune durch eine sommerlich-warme Stadt zu watscheln, ist auch keine Option. Und plötzlich ist alles ganz einfach. Wegen unseres Kindes sind wir viel zu Fuß unterwegs, genießen das Dasein im Freien, erleben die Stadt in Slow Motion und sogar abseits der ausgetretenen Pfade, meistens auf der Suche nach preiswerten Restaurants oder Spielplätzen. Angenehmer Nebeneffekt für meinen Mann: Weil er unsere Tochter viel in der Kraxe durch die Stadt trägt, lässt er zwei Kilo Bauchspeck in Budapest. Der Wanderrucksack fürs Kind wird unser bester Reisebegleiter. Auf Augenhöhe mit uns Erwachsenen ist unsere Tochter deutlich geduldiger als im Buggy. Derart unterwegs entlocken wir zudem sogar dem ein oder anderen Budapester auch mal ein Lächeln oder ein paar Sätze.

Am Ende sträuben wir uns nicht mal mehr gegen eine Dampferfahrt nach Szentendre – für mich der Inbegriff von Rentnerreisen. Ein Strom von anderen Touristen zieht uns durch die verwinkelten Gassen und an gepflegten Häuserfassaden der barocken Kleinstadt am Donauknie entlang. Wir suchen die Kunsthandwerker und finden immer gleiche, gestickte Tischdecken, kitschige Keramik und allerlei Krimskrams. Wir suchen ein preiswertes, einheimisches Restaurant und landen zusammen mit all den anderen Ausflüglern unter einem Schatten spendenden Schirm mitten auf dem Marktplatz. Das

Essen ist gut, wie eigentlich immer. Aber auch teuer. Wie eigentlich auch immer.

Als meine Mutter allerdings auch noch Gödöllő, der Sommerresidenz von Sissi, einen Besuch abstatten will, streiken mein Mann und ich. Wir haben genug Barockes in Szentendre gesehen und wollen nicht noch einen Tag außerhalb der Stadt verlieren. Der gemeinsame Nenner ist mit der Margareteninsel gefunden, mitten in der Stadt und im Fluss gelegen. Der größte Teil der Insel ist schlicht ein weitläufiger, autofreier Park, den die Budapester zur Erholung und zum Sporttreiben nutzen. Es gibt zahlreiche Sportanlagen und ein Freibad. Für unsere Tochter bietet sich endlich ausgiebig Zeit, die ersten Schritte zu perfektionieren. Und für mich? Auf der Insel berühren wir mein Lieblingsthema. In früheren Jahrhunderten lebten dort verschiedene christliche Orden. Ich streife durch die Ruinen, erkläre meiner Familie, wie die Klöster dereinst funktionierten, und bin ausnahmsweise einmal ganz bei mir.

Ich hätte gern noch den Zoo mit Botanischem Garten besucht – die Tiere als Attraktion für das Kind, die Gebäude im Sezessionsstil für die Eltern – und einen Badetag in einem der Thermalbäder eingelegt. Schließlich brodeln unter Budapest mehr als hundert heiße Quellen. Beim nächsten Mal. Denn ein Wiedersehen muss einfach sein.

Vorteile dieser Reiseform:

- Für umfangreiche Entdeckungen waren fünf Tage mit Kind und Großeltern im Schlepptau zu wenig. Um von der Stadt einen Eindruck und Lust auf ein Wiedersehen zu bekommen, reicht es. Auch war die gemeinsame

Zeit nicht zu lang und der Babysitter zumindest theoretisch immer dabei. Das viel gepriesene Nachtleben allerdings ist für junge Eltern trotzdem kein Magnet.
- Eine große Wohnung in zentraler Lage ist für eine Familie die günstigste und angenehmste Variante des Wohnens. Allein die Tatsache, dass es solche Wohnungen zu erschwinglichen Preisen gibt, spricht für einen Urlaub in Budapest. Zudem spart man sich lange Anfahrten aus der Peripherie zum Stadtbummel, kann zwischendurch in die Wohnung zurückkehren und abends gemeinsam kochen (was Geld spart) und zur Ruhe kommen (was die Nerven schont).
- Für einen Wein in einem der gemütlichen Restaurants am Donauufer kann man abends die Wohnung auch mal verlassen. Wenn die Babysitter mitspielen.

Nachteile dieser Reiseform:
- Stadturlaub mit Kleinkind und Großeltern heißt vor allem für die dazwischen hängende Generation: Verzicht üben. Denn Rücksicht muss man nicht nur auf die Bedürfnisse des Kindes, sondern auch auf die der Großeltern nehmen. Es dauert einige Zeit, bis man den kleinsten gemeinsamen Nenner gefunden hat.
- Die Kombination „relativ kurze Reisedauer und Städtetrip" macht den Urlaub vergleichsweise teuer.

Erholung oder Abenteuer?
Eher Abenteuerurlaub, denn es war nicht nur unsere erste Städtereise mit Kind, sondern auch mit Großeltern.

Das würden wir beim nächsten Mal anders machen:
Vorher klären, wer klassische Sehenswürdigkeiten will und wer abseits ausgetrampelter Touristenpfade auf

Entdeckungsreise gehen möchte, öfter mal getrennte Wege gehen. Ganz klar vorab festlegen, wie viel Babysitter-Dienst die Großeltern tatsächlich leisten wollen. Für eine erste gemeinsame Reise ist es sicher auch von Vorteil, ein schon etwas bekanntes Reiseziel zu wählen.

Der ultimative Reisetipp für Reisen mit Großeltern und Kleinkind:
Die Margareteninsel mitten in der Stadt und der Donau gelegen. Der weitläufige Park hat ein paar sehenswerte Ruinen, nette Restaurants und Spielmöglichkeiten für Kinder. Immer wieder kann man Blicke auf die Silhouette der Stadt werfen.

Spartipps:
- Zahlreiche Sehenswürdigkeiten in Budapest kann man gratis besichtigen, etwa das Parlamentsgebäude, die St. Stephans-Basilika oder die Ungarische Nationalbank (Treppenhaus und Eingangshalle, Wandmalereien und Kacheln im Jugendstil). Oft sind die Fassaden in den Straßen Sehenswürdigkeit genug.
- Für Kinder gibt es fast immer Ermäßigungen, auch Familienpreise sind üblich. Wenn es in den Restaurants kein spezielles Kinderessen gibt, werden die normalen Portionen durchaus geteilt.
- In den meisten Thermalbädern (Gellért, Király, Lukács, Rudas, Széchenyi) bekommt man tagsüber einen Teil des Eintrittsgeldes zurück, wenn man das Bad innerhalb von zwei bzw. drei Stunden wieder verlässt.

Allgemeine Infos:
www.ungarn-tourismus.de

Fazit:

Stadturlaub mit Großeltern *und* Kleinkind würden wir erst einmal nicht mehr machen. Als Mittelgeneration bleiben unsere eigenen Bedürfnisse zu sehr auf der Strecke.

Karussell oder Kultur? Mit Kleinkind und Oma in der Provence

von Tanja Josche

Urlaubsform:
Drei-Generationen-Urlaub in einem Ferienhaus in der Nähe von Avignon in Frankreich

Beteiligte: Tanja (40), Michael (44), Simon (3,5) und Rosemarie (74)

Dauer: 14 Tage

Reisedistanz: rund 1.000 Kilometer

Reiseverkehrsmittel: eigener Pkw

Kostenfaktor: mit rund 2.400 Euro für 4 Personen und 14 Tage sehr günstig (inkl. Ferienhausmiete, Anreise, Verpflegung). Je nach Reisezeit, Größe und Ausstattung des Ferienhauses und den Aktivitäten vor Ort können die Kosten aber auch deutlich höher ausfallen.

Vorbereitungszeit: Wer in der Hochsaison verreisen will, sollte das Ferienhaus mindestens ein halbes Jahr vorher buchen. Es ist empfehlenswert, dass sich die Beteiligten einige Wochen vor der Reise darüber austauschen, wie sich jeder den Urlaub vorstellt, damit es vor Ort nicht zum Streit kommt.

„Ich will auf den Spielplatz!“, schreit Simon vom Rücksitz. Fünfzehn Minuten hat die Fahrt von Pernes-les-Fontaines nach Carpentras gedauert, doch mein dreijähriger Sohn zappelt, als wären wir seit vier Stunden unterwegs. „Wir sollten unbedingt die Synagoge besichtigen“, entgegnet Oma. „Seid ihr denn gar nicht kulturell interessiert?“ Auf dem Fahrersitz grummelt mein Mann vor sich hin. Er ist genervt. Ob angesichts der Stichelei oder weil auf den Straßen der ehemaligen provenzalischen Handelsstadt gerade nichts mehr geht, ist schwer zu sagen. Ich rede auf Simon ein, versuche Ruhe auszustrahlen. Insgeheim aber frage ich mich, ob der Urlaub mit drei Generationen wirklich eine so gute Idee war.

Die Provence schien als Reiseziel ideal: Bergdörfer, Kunstschätze, bunte Märkte, Karussells in jeder Stadt, Landschaften, die zum Wandern und Radfahren einladen. Hier würde jeder auf seine Kosten kommen, so die Vorstellung. Vor der Reise haben wir über unsere Erwartungen gesprochen: Wie viel Zeit verbringen wir gemeinsam? Was will jeder unternehmen? Oma sollte nicht nur Babysitter spielen, sondern viel vom Land sehen können, Simon genügend Zeit zum Spielen haben. Perfekt geplant also.

Doch vor Ort stellen wir fest: Der Graben zwischen den Generationen ist größer als gedacht. Zu unterschiedlich sind die Interessen: Kunstliebe hier, Bewegungsdrang dort, und wir als Eltern dazwischen, ständig bemüht, es jedem recht zu machen. Gibt es denn keine Aktivitäten, die alle begeistern?

Der Besuch eines Bauernhofs am nächsten Tag stimmt zuversichtlich. Im Kräutergarten schließt sich Simon einer Gruppe von Kindern an. Dass er kein Französisch spricht, stört niemanden. Eifrig zupft er ein Blatt nach dem anderen von den Sträuchern und legt es in sein

Körbchen. Dann geht es in die Küche, wo sich die Kinder um einen großen Topf drängen und zuschauen, wie Rose Combe die Pfefferminzblätter mit einer dicken Schicht Zucker bedeckt. In vier Stunden sei der Sirup fertig, erklärt sie. So lange? Die Kinder machen große Augen. Doch ihre Blicke hellen sich auf, als sie eine Flasche fertigen Sirup hervorholt und jeder probieren darf.

Rose führt mit ihrem Mann Claude bei Sarrians die pädagogische Farm L'Oiselet. In biologischem Anbau ziehen sie viele fast vergessene Obst- und Gemüsesorten. Allein zweihundert verschiedene Melonenarten gibt es hier. Außerdem Ziegen, Schafe, Kaninchen, Hühner und Gänse. „Wir wollen unsere Liebe zur Natur teilen, auf ihre Vielfalt aufmerksam machen", erklärt Rose, „und Kindern das Leben auf dem Bauernhof näher bringen." Je nach Saison und Tageszeit können diese die Tiere füttern und pflegen, mit Pflanzenfarben malen oder Obst und Gemüse ernten und damit in der Küche experimentieren. Das Ergebnis sind Leckereien wie Kirschkuchen oder Pfirsich-Sorbet, die den hungrigen Tagesbesuchern heute serviert werden. Alles Bio, alles selbst gemacht. Oma und Kind sitzen Seite an Seite und löffeln genüsslich ihr Eis. Na also, geht doch. Die Natur erleben mit allen Sinnen – das ist etwas, das allen Spaß macht. War der Drei-Generationen-Urlaub eine gute Idee? Heute lautet das Fazit ganz klar „Ja".

Nicht so eindeutig fällt das Urteil in Avignon aus. Der Papstpalast steht auf dem Programm: der größte gotische Palast in Europa, mit Kloster, Privatgemächern der Päpste und Gegenpäpste, Prunksälen und Kapellen – auf einer Fläche von 15.000 Quadratmetern. Das verlangt von Kindern einiges an Steh- und Durchhaltevermögen. Zu viel? Wir lassen es nicht auf einen Versuch ankommen und beherzigen einen der Tipps für den Mehrgenerationenurlaub: Jeder soll genug Zeit zur eigenen Entfaltung haben. Also darf die Oma den Palast besichtigen – ganz ohne Kleinkind-Gequengel – und Simon auf dem Spielplatz toben. Der Jardin du Rocher, ein wunderschöner Garten gleich oberhalb des Palastes, eignet sich dazu wunderbar. Wir genießen derweil den Blick auf die Rhône und die Brücke Saint Bénezet, der das Lied „Sur le pont d'Avignon" gewidmet ist. Und freuen uns, dass es auch heute ein „Ja" geworden ist.

Stadttouren stellen die Familienidylle auf eine harte Probe. Doch es gibt auch Dinge, die alle Generationen mögen. Karussells zum Beispiel. Oder Süßigkeiten. Hier wartet die Provence mit einigen Spezialitäten auf: Calissons aus Aix-en-Provence, ein Konfekt mit Mandeln, kandierten Melonen und Orangen. Kleine, bunte Bonbons, Berlingots genannt, aus Carpentras. Kandierte Früchte aus Apt. Nicht zu vergessen der weiße Nougat aus Mandeln, Pistazien und Lavendelhonig.

In Saint Didier können große und kleine Naschkatzen zuschauen, wie Nougat nach altem provenzalischem Rezept hergestellt wird. In der Küche der Brüder Silvain (www.nougat-silvain-freres.fr) duftet es nach gerösteten Mandeln und Honig. Philippe Silvain steht vor einer Kupferschüssel, prüft noch einmal die Temperatur der Honigmasse, fügt dann die Mandeln hinzu und rührt mit einem großen Holzlöffel kräftig, bis alles von einer glänzenden Schicht überzogen ist. Dann gibt er die Mischung in eine lange, flache Form und rollt sie mit einem riesigen Nudelholz glatt. „Bei unserer Großmutter gab es zu Weihnachten immer dunklen Nougat. Ich habe ihn geliebt!", schwärmt Philippe. So sehr, dass er und sein Bruder beschlossen, Nougatiers zu werden. Die wichtigsten Zutaten – Mandeln und Honig –

produzieren sie dabei selbst. Simon probiert alle weißen und dunklen, festen und weichen Nougatvarianten durch und ist sich sicher: Der weiße ist der beste. Oma stöbert indes im Laden, ihr Einkaufskorb gut gefüllt mit Leckereien. Zufrieden beobachte ich die beiden und ziehe für heute Bilanz: Ja, es war eine gute Idee.

Den Lavendelhonig der Brüder Silvains genießen die beiden Naschkatzen gleich am nächsten Morgen beim Frühstück. Simon zeigt auf das lila leuchtende Lavendelfeld neben unserem Ferienhaus, auf dem Bienen in der warmen Sonne den süßen Nektar sammeln, und ruft: „Danke für den leckeren Honig!“ Kaum ist der letzte Bissen hinunter, rennt er los. Er läuft durch die Stauden und versucht, einen Schmetterling zu fangen, der von Blüte zu Blüte flattert. Oma geht zu ihm und pflückt einen Strauß. Sie lächelt. Ich auch. Blühender Lavendel, Oma und Sohn glücklich – ja, so habe ich mir den Großfamilienurlaub in der Provence vorgestellt. Und auch mein Mann scheint zufrieden zu sein. Selbst als sich Simon während der Heimreise auf der Rückbank plötzlich zu mir hinüberlehnt und sagt: „Können wir nächstes Jahr wieder mit Oma in den Urlaub fahren?“, ist kein Grummeln von ihm zu vernehmen.

Vorteile dieser Reiseform:

- Wenn drei Generationen zusammen verreisen, haben alle etwas davon: Oma und Opa freuen sich, viel Zeit mit ihren Enkeln verbringen und sich mal wieder intensiv mit ihren Kindern austauschen zu können. Die Eltern genießen es, zu zweit auszugehen, während die Großeltern auf die Kleinen aufpassen.
- Auch die Urlaubskasse wird geschont, wenn sich

Eltern und Großeltern die Kosten für das Ferienhaus bzw. die Ferienwohnung teilen.
- Küchenarbeiten wie Kochen und Abspülen verteilen sich auf mehrere Hände. Klare Spielregeln, wer sich um was kümmert, erleichtern dabei das Leben unter einem Dach.

Nachteile dieser Reiseform:

- Die Erwartungen der Beteiligten sind oft sehr unterschiedlich. Das kann zu Konflikten führen. Die Eltern hoffen zum Beispiel, dass sich Oma und Opa am Abend um die Kinder kümmern, diese wollen aber auch gern ausgehen. Umgekehrt glauben die Großeltern, im Urlaub viel gemeinsam zu unternehmen, und sind dann enttäuscht, wenn dies nicht von allen so gewünscht ist.
- Ein Drei-Generationen-Urlaub erfordert viel Toleranz und Kompromissbereitschaft: Jeder muss bereit sein, einen Teil seiner Urlaubszeit mit Aktivitäten zu verbringen, die er selbst nicht gewählt hätte, aber den anderen Freude bereiten. Und er muss Rücksicht nehmen auf die Gewohnheiten der anderen, sei es auf den von Oma benötigten Mittagsschlaf oder auf den Bewegungsdrang der Kinder.

Erholung oder Abenteuer?

Beides. Mit drei Generationen zu verreisen ist auf jeden Fall ein Abenteuer. Bei dem Versuch, Aktivitäten zu finden, die allen Spaß machen, verlässt man die gewohnten Pfade und unternimmt Dinge, die man sonst vielleicht nicht in Betracht gezogen hätte. Das kann aufregend und bereichernd sein. Erholsam ist es dann, wenn alle Beteiligten die nötige Kompromissbereitschaft und Gelassenheit mitbringen.

Das würden wir beim nächsten Mal anders machen:
Wir sind aus Kostengründen mit dem Auto in die Provence gefahren – über Nacht, damit unser Sohn die meiste Zeit der Fahrt schlafen konnte. Für alle, die aufs Geld schauen müssen, ist das sicher die beste Wahl. Doch solche Fahrten sind auch sehr anstrengend, und bei vier Personen mit Gepäck wird es selbst in einem geräumigen Kombi recht eng. Beim nächsten Mal würden wir daher fliegen, was zwar teurer, aber für alle wesentlich entspannter ist.

Der ultimative Reisetipp:

- Besonders schön fanden wir die pädagogische Farm L'Oiselet in Sarrians. Ein Besuch ist schon für die Kleinsten geeignet. Die Angebote sind saisonabhängig, im August gibt es zum Beispiel Workshops rund um den Lavendel.
- Sind die Kinder etwas älter, ist eine Kanufahrt auf der Sorgue ein aufregendes Erlebnis. Die Tour führt in zwei Stunden von Fontaine-de-Vaucluse nach L'Isle-sur-la-Sorgue. Unterwegs kann man Fliegenfischer, Eisvögel und Biberratten beobachten. Kanus vermieten Canoë Evasion (www.canoe-evasion.net) und Kayak Vert (www.kayakvert.com).

Spartipps:

- Wer noch nicht an die Schulferien gebunden ist, ist gut damit beraten, in der Nebensaison zu reisen. Dann kosten Ferienhäuser in der Provence nur halb so viel wie in den Monaten Juli und August. Bei der Verpflegung ist natürlich Selbstversorgung die günstigste Variante – und in der Provence zudem noch ein tolles Erlebnis: Auf den regionalen Märkten findet man jede Menge Köstlichkeiten wie Ziegenkäse, selbst erzeugtes Olivenöl und frisches Obst und Gemüse aus der Region. Sehenswert sind zum Beispiel die Bauernmärkte in Velleron und Isle-sur-la-Sorgue.

- Wer keine Lust hat, jeden Tag zu kochen, kann in Bistros auf dem Lande günstig und authentisch essen. Zum Mittag gibt es dort vielerorts dreigängige Tagesmenüs für unter 15 Euro. Weine aus der Provence kauft man am besten und am günstigsten direkt beim Winzer oder in Kooperativen.

Allgemeine Infos:

www.provence-tourismus.de, empfehlenswerte Vermittler für Ferienwohnungen sind Homelidays (www.homelidays.de) sowie in Frankreich Gîtes de France (www.gites-de-france.fr) und Clévacances (www.clevacances.com).

Literaturtipps:

Für die Provence finden sich entsprechende Tipps für Aktivitäten mit der Familie in der Karte „Vacances en Famille", die in den Tourismusbüros vor Ort erhältlich ist, sowie im Familien-Reiseführer „Provence mit Côte d'Azur" aus dem Companion-Verlag.

Tipps für einen Drei-Generationen-Urlaub:

- Vor der Abreise sollte jeder ehrlich sagen, wie er sich den Urlaub vorstellt: Wer will was unternehmen? Wie viel Zeit verbringen wir gemeinsam? Auch individuelle Zeiten, in denen jeder machen kann, was er möchte, sollten von vornherein mit eingeplant werden. Mal dürfen die Eltern allein weg, mal haben Oma und Opa eine Auszeit, mal haben die Kinder das Sagen. Empfehlenswert ist es, wenigstens einen Tag für jede einzelne Generation zu reservieren. Welche Unterkunft am besten geeignet ist, hängt von den Interessen ab. Im Allgemeinen eignen sich aber weder Familienhotel (meist teuer und für die Großelterngeneration zu anstrengend) noch Kurhotel (nicht auf Kinder ausgerichtet). Ideal sind Ferienwohnungen mit getrennten Räumen für jede Generation. So kann jeder seine Intimität wahren.

- Beim Besichtigungsprogramm gilt: Weniger ist mehr. Lassen Sie genügend Zeit für Pausen – für die Kleinen zum Spielen und Toben, für die Großeltern zum Ausruhen. Auch empfiehlt es sich, die Anzahl der Städtetouren gering zu halten und stattdessen lieber ein oder zwei besondere Aktivitäten einzuplanen, die allen Spaß machen. Je nach Alter des Kindes und Fitness der Großeltern kann das eine Fahrrad- oder Kanutour, ein Besuch auf dem Bauernhof oder ein Ausritt mit Pferd oder Esel sein.

Fazit:

Bei einem Drei-Generationen-Urlaub muss man Kompromisse eingehen. Das sollte jedem Beteiligten im Vorfeld klar sein. Uns war es das, wir haben die Reise gut geplant, und dennoch kam es vor Ort manchmal zu Missstimmungen, wenn die unterschiedlichen Interessen aufeinanderprallten. Trotzdem würden wir es wieder genauso machen. Denn so ein Großfamilienurlaub ist ein schönes und verbindendes Erlebnis für alle – gerade in einer Zeit, wo Großeltern und Enkel oft in verschiedenen Städten leben und sich nur selten sehen.

Cluburlaub mit Fußballcamp: Familienurlaub auf Ibiza

Text und Interview: Geraldine Friedrich

Urlaubsform:
Cluburlaub auf Ibiza
in der Nebensaison

Beteiligte: Isabel (44), Thomas (48) und Luca (3,5)
Dauer: 12 Tage
Reisedistanz: 1,5 Flugstunden Basel – Ibiza-Stadt
Reiseverkehrsmittel: Flugzeug, Mietwagen, Boot, Bus
Kostenfaktor: 2.800 Euro für die gesamte Familie inklusive Vollpension und Flüge in der Nebensaison (Ende Mai)
Vorbereitungszeit: spontane Buchung drei Wochen vorab über ein Reisebüro

Wie kamen Sie auf die Idee, einen Club auf der Partyinsel zu buchen?

Isabel: Durch Mundpropaganda. Ein befreundetes Elternpaar hatte dort bereits seinen Urlaub verbracht und uns den Club empfohlen. Für uns klang es auch interessant, da der Club eine Fußballschule anbietet und unser Sohn fußballbegeistert ist. Wir Eltern waren schon, bevor wir unseren Sohn bekamen, begeisterte Cluburlauber und schätzen die vielseitigen Sportmöglichkeiten wie Tennis, Volleyball im Sommer und Skifahren im Winter. Und mit einem Dreieinhalbjährigen ist so ein Club natürlich ideal, da das Kind betreut wird, während wir selbst Sport treiben können – so weit die Theorie.

Und die Praxis?

Tatsächlich war unser Sohn während der zwölf Tage ganze zwei Stunden in der Kinderbetreuung, er hatte keine Lust darauf und wollte stattdessen mich in die Betreuung schicken! Er hat sich auch kaum für das Fußballtraining interessiert, dafür umso mehr für Tennis. Grundsätzlich ist es so, dass Betreuerinnen die Kinder vormittags beaufsichtigen, auch nachmittags dürfen die Kleinen die etwas in die Jahre gekommenen Kinderclubräume benutzen. Die Betreuerinnen bieten verschiedene Aktivitäten an, aber da muss dann ein Elternteil als Aufsichtsperson zugegen sein.

Hatten Sie als Eltern denn trotzdem etwas Zeit für sich?

Etwas weniger als gedacht, aber ja. Morgens saß Luca brav auf der Tribüne und ließ uns mit anderen Eltern eine Stunde Beachvolleyball spielen. Ideal war auch, dass ich ihn mit Gleichaltrigen allein auf den Spielplatz gehen lassen konnte. Ich hatte nie das Gefühl, dass das gefährlich sein könnte, obwohl wir ihn nicht immer im Blickfeld hatten. Die Clubanlage ist so konzipiert, dass er allein nicht aus dem Club rauskonnte. Auf dem Weg zum Spielplatz kam er zwar an einem Pool vorbei, aber da hatte ich ihn noch im Blick. Direkt neben dem Hauptrestaurant gibt es eine Bar, wo man jederzeit sitzen, Cappuccino trinken und Eis essen kann. Getränke und Eis konnten wir auch zum Spielplatz mitnehmen, das war sehr entspannend.

Haben Sie auch Ausflüge unternommen?

Klar, wir sind nicht die Typen, die zwei Wochen ausschließlich auf dem Clubgelände verbringen. Sehr nett fanden wir unseren Ausflug per Boot nach Ibiza-Stadt, der größten Stadt der Insel mit etwa 50.000 Einwohnern. Direkt am Clubstrand startet die Personenfähre, die Fahrt dauert etwa anderthalb Stunden inklusive Umsteigen in Eulària. Das fand mein Sohn spitze. Dort haben wir uns die Festung angesehen und sind durch die Stadt geschlendert, es gibt nette Hippieläden in der Altstadt. Zurück sind wir mit dem Bus, das ging etwas schneller.

Einen Tag lang haben wir uns ein Auto gemietet, sind quer über die Insel gefahren und haben verschiedene Strände getestet. Abends haben wir in einem Restaurant namens „Sunset Ashram" gegessen. Es liegt direkt am Meer und bietet thailändische Küche, Live-Musik und Open-Air-Clubatmosphäre. Wir sind dort spontan eingekehrt, aber normalerweise muss man dort wohl reservieren, um einen Platz zu ergattern. In der Nähe des Clubs, in Punta Arabi, befindet sich ein Hippiemarkt mit netten Schmuckständen. Dorthin läuft man fünfundvierzig Minuten zu Fuß oder man mietet im Club ein Fahrrad, das haben auch viele gemacht. Gut gefallen hat mir die Promenade in Santa Eulària, das etwa zwanzig Busminuten entfernt lag. Die zwei Kilometer lange Promenade führt direkt an einem feinen, weißen Strand entlang. Im Gegensatz zu Italien sind die meisten Strände in Spanien, und damit auch auf Ibiza, öffentlich zugänglich.

Wie ist der Strand?

Eher klein, aber schön. Es war Ende Mai, jedoch zu kalt, um im Meer zu baden. Wir haben täglich die üppige Poollandschaft genutzt, genau das Richtige für meinen Sohn.

Knüpft man auch Kontakt zu anderen Eltern oder bleibt man eher für sich?

Über Luca haben wir sehr schnell Kontakt zu anderen Eltern bekommen. Aber das bleibt jedem selbst überlassen. Das gilt übrigens auch für Animation: Wer will, macht mit, wer nicht, lässt es bleiben. Es wird niemand von der Liege geholt.

Sie hatten ja All inclusive mit drei Mahlzeiten gebucht. War das okay oder haben sich viele der Speisen wiederholt?

Ich fand es gut, es gab immer eine ordentliche Auswahl, auch an frischen Salaten, aber es ist natürlich für den Preis kein Fine Dining. Ein Problem war allerdings, dass wir oft vor dem ziemlich leergeräumten Dessertbuffet standen und der Nachschub nicht immer funktionierte. Wir gingen etwas später essen als die anderen Familien. Gut fand ich, dass wirklich alles inklusive war, auch tagsüber der Cappuccino.

Wie waren die Zimmer?

Es gibt zwei Klassen: Standard und Superior. Es handelt sich stets um Apartments mit Wohnzimmer, teils Essecke und kleiner Küchenecke sowie Balkon samt Liegen. Das fand ich sehr praktisch. Wir hatten ein frisch renoviertes Superior-Apartment mit zwei Schlafzimmern. Die Einrichtung ist jetzt nicht besonderes stylish, eher das, was man unter „landestypisch" versteht, mit Blumenmustern und verschnörkelten Stuhllehnen. Es war aber okay für mich, denn wir haben uns dort eh kaum aufgehalten. Abends, wenn Luca schon schlief, saßen wir oft auf dem Balkon und haben ein Glas Wein getrunken.

Vorteile dieser Reiseform:

- Cluburlaub ist Entspannung für die Eltern (Kinderbetreuung, kurze Wege) und Abenteuer für die Kleinen, Einzelkinder finden schnell Spielkameraden und können die frisch geschlossenen Freundschaften auch über die Dauer des Urlaubs hinaus pflegen.
- Clubanlagen und deren Personal sind in der Regel sehr kinderfreundlich und auf die Bedürfnisse von Familien ausgerichtet. Spielplätze, Planschbecken und Restaurants befinden sich in unmittelbarer Nähe.
- Man muss sich weder um Einkaufen, Kochen noch um das Programm kümmern, kann das aber tun, wenn man möchte, da viele Familienzimmer auch eine Küchenecke enthalten. Man kommt an – und der Urlaub geht los.
- All inclusive mit Buffet ist praktisch, insbesondere für Menschen, die sonst lange Speisekarten studieren oder gern nach Optik wählen. Das Essen steht einfach da und man wählt aus. Und: Es existieren keine langen Wartezeiten für hungrige Kinder, das beugt oftmals schlechter Stimmung vor.

Nachteile dieser Reiseform:

- Man bezahlt die Kinderbetreuung mit, egal ob man sie nutzt oder nicht. Ob es mit der Betreuung klappt, lässt sich bei kleineren Kindern nicht vorhersagen.

- Cluburlaub ist nicht jedermanns Sache, häufig entdecken Paare diese Reiseform erst mit Kind. Ob es gefällt, zeigt sich nach dem ersten Versuch.
- Cluburlaube verleiten dazu, sehr viel Zeit auf dem Clubgelände zu verbringen (und dort sein Geld auszugeben, was natürlich vom Veranstalter gewollt ist), das bietet für manch Erwachsenen wenig Abwechslung.
- Oftmals liegen die Clubs auch außerhalb, sodass man für Ausflüge ein Auto vor Ort braucht oder den Nahverkehr nutzen muss.
- Bei Vollbelegung in der Hauptsaison geht es im Club naturgemäß etwas lauter zu. Geräuschempfindliche Familien sollten besonders darauf achten, dass sie ihr Apartment nicht in der Nähe der Tennisbar oder des Restaurants haben.

Erholung oder Abenteuer?

Für uns war es Erholung, vor allem, weil wir Sport treiben konnten und unser Sohn auch ohne externe Kinderbetreuung sehr oft und lange mit anderen Kindern spielte.

Das würden wir beim nächsten Mal anders machen:

Nichts, das Preis-Leistungs-Verhältnis hat gestimmt. Wir machen aber selten zweimal hintereinander Urlaub am selben Ort. Ich könnte mir jedoch vorstellen, dort in zwei, drei Jahren wieder einen Urlaub zu verbringen.

Der ultimative Reisetipp:

- Besuchen Sie das Restaurant Sunset Ashram dreißig Minuten nördlich von Ibiza-Stadt (www.sunsetashram.com). Am zugehörigen Strand lässt sich prima baden.
- Fußballcamp: Der Club Cala Pada eignet sich für

Familien mit fußballbegeisterten Kindern, die Fußballschule wird von einem lizenzierten DFB-C und UEFA-B-Trainer geleitet, kostet allerdings 60 Euro pro Woche und Kind extra. Eignet sich für Fußballfans im Alter von 5 bis 14 Jahren.

Spartipps:
Falls möglich, in der Nebensaison reisen. Da man Vollpension hat, spart man natürlich, indem man nicht essen geht, sondern das Angebot auf dem Clubgelände nutzt. Wer nur Halbpension bucht und sich zwischendurch lieber selbst versorgt, spart ebenfalls.

Allgemeine Infos:
www.ibiza.travel
www.clubcalaoada.com

Ab 2015 soll Cala Pada unter das Dach der TUI-Marke „Magic Life" schlüpfen. Der Tourismuskonzern plant, einen einstelligen Millionenbetrag in die Renovierung der Apartments zu investieren. Vermutlich werden die Kinderbetreuungszeiten entsprechend der neuen Clubphilosophie ausgebaut. Nach aktuellem Stand (Dezember 2014) ist die Kinderbetreuung ab drei Jahren kostenlos, für Kinder von eins bis drei kostet sie derzeit 12 Euro pro Tag.

Fazit:

Cluburlaub mit Kind bleibt für uns eine der bevorzugten Reiseformen, da wir gern in den Ferien Sport treiben.

Klettern mit Kind: Einfach mal zur Zugspitze!

von Olaf Schlippe

Urlaubsform:
Vater-mit-Tochter-Wandertrip
mit kurzer Kletterepisode im Oktober

Beteiligte: Olaf (44) und Djamila (11)

Dauer: 3 Tage

Reisedistanz: rund 400 Kilometer

Reiseverkehrsmittel: Auto

Kostenfaktor: günstig, etwa 200 bis 250 Euro inklusive allem (Hüttenübernachtung, Essen, Zugspitzbahn, Benzin) und großzügig gerechnet

Vorbereitungszeit: kurz. Es empfiehlt sich jedoch, die Hüttenbetreiber vorher anzurufen und das Platzkontingent zu erfragen. Gerade in der Nebensaison geht man damit sicher, dass die Hütte auch wirklich geöffnet hat.

Einmal den Mont Blanc besteigen, eine Woche Zeit dafür. Einen bergerfahrenen Freund dabei, Steigeisen, Kletterseile, atmungsaktive, warme Kleidung. Träum weiter, dachte ich. Denn ich verfügte weder über bergerfahrene Freunde noch über die notwendige alpine

Ausrüstung, von der freien Zeit ganz zu schweigen. So läuft das nun einmal in den freien Berufen. Entweder man hat viel Zeit, wenig Arbeit, kaum Geld oder viel Arbeit, gut Geld, aber wenig Zeit. Und gerade war alles knapp. Doch was nützt das, wenn man Kinder hat und wie jedes Jahr die geliebt-gefürchtete Ferienzeit beginnt? Geliebt, weil man natürlich gern mit seinen Kindern den Urlaub verbringt, gefürchtet, weil zu viel Arbeit liegen bleibt.

Ich hatte den herbstlichen Zwangsurlaub dieses Jahr nicht wie sonst gebucht. Ich hatte überhaupt nicht gebucht, denn ich wusste weder, wie groß mein Urlaubsbudget sein würde, noch wie viel Zeit ich erübrigen konnte. Doch dann rief meine Tochter erwartungsfroh eine Woche vor Ferienbeginn an: „Papa, was machen wir, wenn ich zu dir komme?" Was antwortet man da? Natürlich nicht die Wahrheit, natürlich nicht: „Wir bleiben zu Hause, ich muss arbeiten", sondern ausweichend feige, etwa: „Ich rufe dich heute Abend an, dann weiß ich mehr." Man kann ja vor dem eigenen Kind nicht zugeben, dass man sich über die größte Freude eines Schulkindes, die Ferien, noch gar keine Gedanken gemacht hat.

Ich legte also auf und grübelte darüber nach, was eine Elfjährige interessieren könnte. Da fiel mir mein Traum wieder ein und ein Name tauchte aus dem Nebel der Langzeiterinnerung auf: Zugspitze, höchster Berg Deutschlands, 2.962 Meter über Normalhöhennull. Wenn die französischen Alpen mit dem höchsten europäischen Gipfel schon vorübergehend ausschieden, wäre vielleicht eine Nummer kleiner, eine Begehung der deutschen Ostalpen, realistisch. Vielleicht sogar mit Kind. Ich rief eine Freundin an, die bereits auf der Zugspitze gewesen war. „Das ist toll dort oben", meinte sie, „du kannst mit der Seilbahn hochfahren und hinunter laufen." Gute Idee, fand ich und dachte: Hochfahren und hinunterlaufen, warum nicht gleich hoch- und hinunterfahren? Wenn es schon die Zugspitze sein sollte, dann musste sie auch bestiegen werden, auf die ehrliche Art, zu Fuß, wie anno 1820 von Ingenieur Josef Naus, Messgehilfe Maier und Bergführer Johann Georg Deuschl[1] – den überlieferten Erstbezwingern.

Am Abend rief ich meine Tochter an. Sie sagte begeistert zu. „Hast du auch Wanderschuhe?", fragte ich sie. „Ja, Papa", lautete die Antwort. Als ich eine Woche später ihre flachen Turnschuhe mit den dünnen Sohlen sah, schaute ich weniger begeistert. Ich habe keine anderen, bedauerte sie, während ich wieder einmal feststellte, dass gemeinsame Freizeitaktivitäten für den Familienfrieden recht nützlich sein können. Nun, Wandern und Bergsteigen gehörten offensichtlich nicht in die gemeinsame Teilmenge, wir brauchten zuerst Berg- oder zumindest Wanderschuhe. So verzögerte sich unsere Abreise am nächsten Vormittag etwas, statt vier Uhr früh wie bei Josef Naus wurde es fast elf, als wir das Sportgeschäft in Mannheim verließen, um nach Garmisch-Partenkirchen aufzubrechen.

Kurz vor drei Uhr erreichten wir den Parkplatz am Skistadion in Partenkirchen – einem der Ausgangspunkte für die Besteigung der Zugspitze. Vor allem ein Startpunkt, der auch mit öffentlichen Verkehrsmitteln gut zu erreichen war. Denn schließlich wollte der Rückweg bedacht sein. Mit einer Seilbahn nach unten zu fahren, war das eine, zurück zum Auto zu kommen, ein

---

1 Unterschiedlichen Quellen zufolge wird der Erstbezwinger sowohl Deuschl als auch Tauschl genannt. Offenbar herrscht über den tatsächlichen Namen keine Einigung.

anderes. Zwei Tage hatte ich für die Tour eingeplant, einen dritten bei Bedarf. Beschreibungen der Strecke im Internet bezeichneten den Weg durch das Reintal als die einfachste, aber auch die weiteste Strecke. Nun, einfach klang gut. Da weder meine Tochter noch ich besonders trainiert waren – ich joggte gelegentlich in der Rheinebene, sie im Schulsport –, würden wir den einfachsten Weg versuchen, hatte ich entschieden.

Nur das späte Ankommen störte den Plan. Doch vielleicht, so hoffte ich, würden wir es dennoch bei Tageslicht bis zur Reintalangerhütte schaffen. Ich erklärte meiner Tochter den Stand der Dinge, kaufte ein Parkticket für zwei Tage und schnappte unsere Rucksäcke. Schwer waren sie nicht: Wechselwäsche, Waschzeug, ein Handtuch und Trinkflasche. Den meinen füllten darüber hinaus zwei Schlafsäcke und der Proviant. So wanderten wir los. Nein, wir marschierten. Zumindest die ersten Minuten bis zur Partnachklamm. Denn hier am schäumenden Fluss, gesäumt von tropfenden Felswänden, endete unser Power-Walking. Zu glitschig schlängelte sich entlang des tosenden Wassers der feuchte Weg über Stege und Tunnel die Schlucht aufwärts. Und immer wieder musste ich meine begeistert umherschauende und eifrig Fotos knipsende Tochter erinnern, weiterzugehen – mit Geduld freilich, denn auch mich drängte es nicht sonderlich, dem wilden Schauspiel davonzuhasten. Obwohl vier Stunden Weg vor uns lagen, und das ab sieben Uhr im Dunkeln. So kam es denn, wie es kommen musste.

Hinter der Klamm mäanderte der Weg oberhalb des breiten Flusstales gemächlicher, mehr als Waldweg denn als Gebirgspfad dahin. Die Aussicht blieb stundenlang die gleiche: der Fluss in der Tiefe, Nadelbäume ringsum und eine unbefestigte Forststraße, die nicht so aussah, als würde sie zum höchsten Berg Deutschlands führen. Doch einen anderen Weg gab es nicht, und irgendwann war auch dieses zähe Stück überwunden. Zur Zerstreuung plauderten wir über Gott und die Welt, insbesondere über die gymnasiale Welt eines elfjährigen Mädchens.

Die Themen versiegten allmählich, als ein steiniger und steiler Bergweg die Waldstraße ablöste – entlang einer hier viel schmaleren Partnach. Nach gut zwei Stunden wurde es Zeit für eine erste Pause. Als ich eine Brotzeit später bemerkte, dass wir langsam weitergehen sollten, zeigte mir meine Tochter eine erbsengroße Blase. Ich polsterte ihre Socke an dieser Stelle mit einem Taschentuch. Größere Rücksicht konnte ich nicht nehmen, die nächste Hütte lag noch mehr als eine Stunde bergan entfernt, und die Sonne ging gerade unter. Wir mussten weiter. Insgeheim haderte ich mit mir, so spät gestartet zu sein. Die Wanderung hätte durchaus gemütlicher sein können.

Zum Glück entdeckte ich in meinem Rucksack noch eine Packung Gummibärchen. Derart motiviert, unterstützt von Müsliriegeln und Schokolade, setzten wir den Weg fort, der zunehmend anstieg. Mehr noch: Es dämmerte, es dunkelte, es nebelte. Ich holte die Stirnlampen aus dem Rucksack und fragte mehr als einmal meine Tochter: „Alles okay?" Ihr tapferes „Ja" beruhigte mein schlechtes Gewissen – etwas. Hinter jeder Biegung hoffte ich nun, in der Ferne die Lichter der Reintalangerhütte (1.370 m) auftauchen zu sehen. Doch dauerte es noch mindestens eine halbe Stunde, bis es so weit war, und fast wären wir im feuchten Dunst des Wettersteingebirges daran vorbeigelaufen.

Ich hatte zwei Tage vorher angerufen. „Wir haben geöffnet", erhielt ich zur Antwort. Niemand sagte wie lange. Zwei Tage später wäre die vom Deutschen Alpenverein bewirtschaftete Hütte wie jedes Jahr ab Mitte Oktober für mehr als ein halbes Jahr geschlossen gewesen. Doch noch war sie offen, es gab warmes Essen und reichlich Platz im Lager. So nannte sich die große Matratzengruft, die ich zusammen mit meiner Tochter für zwölf Euro nutzen konnte, da die anderen Wanderer an diesem vorletzten Öffnungstag – ein Vater mit seinem Sohn und ein junges Pärchen – offensichtlich ein anderes Lager oder eines der Mehrbettzimmer bewohnten.

Wir mochten die Letzten am Abend gewesen sein, am Morgen waren wir die Ersten, die starteten. Die Blase am Fuß meiner Tochter versorgte indes ein weiteres Taschentuch. Ich hatte die Schwellung geöffnet, damit sie austrocknen konnte. Mein großes Kind klagte nicht. Sie klagte auch nicht, als wir nach einem scheinbar endlosen Aufstieg die bereits geschlossene Knorrhütte (2.057 m) erreichten, nach einem Aufstieg, der nur „steil bergan" kannte. Leider fanden wir bei der Hütte kein Trinkwasser. Dennoch gönnten wir uns eine längere Pause, denn ich konnte die Erschöpfung in Djamilas Gesicht sehen. So ließen wir sie alle passieren – den Vater mit seinem Sohn, das junge Paar. Dann erst machten wir uns zügig und ohne Hast auf und erreichten eine Stunde später das verschneite Zugspitzplateau.

Hier oben trafen wir alle Bergwanderer im Restaurant neben der Seilbahn wieder – und gefühlt hundert Touristen dazu. Sie lärmten, sie plapperten, sie klapperten mit Gläsern und Tellern. Eine andere Welt, eine laute Welt. Unsere Welt: doch nicht im Urlaub. Kaum gestärkt, entflohen wir ihr, um die letzten gut dreihundert Höhenmeter anzuvisieren. Doch der vereiste und verschneite Gipfel hatte sich in eine Nebelwolke gehüllt. Vom Bergmassiv selbst war kaum etwas zu sehen. Uns blieb nichts übrig, als zu warten. Wir warteten und warteten und ruhten uns aus. Eine Stunde lang passierte nichts. Zwischendurch riss kurz die Wolkendecke auf, schloss sich jedoch nach einigen Minuten wieder. Was tun? Der auf einem Bildschirm angezeigte Wetterbericht versprach eine Aufheiterung gegen zwei Uhr. Wir warteten eine weitere Stunde. Die Sicht war etwas besser geworden, doch viel zu sehen war immer noch nicht. Uns blieben noch etwa zwei Stunden, um den Gipfel zu bezwingen. Um halb fünf fuhr die letzte Bahn talwärts. Ich schaute zu meiner Tochter: „Was meinst du, wollen wir es versuchen?“ – „Wenn wir schon einmal hier sind“, erwiderte sie. Der Vater mit seinem 14-jährigen Sohn, den wir flüchtig von der Reintalangerhütte kannten, schloss sich uns an.

Ich war froh darüber. Denn so konnte ein Erwachsener vorsteigen und einer hinten sichern. Und diese letzten Meter hatten es in sich. Was im Hochsommer eine anspruchsvolle Wanderung sein mochte, entpuppte sich Mitte Oktober als anspruchsvolle Klettertour in tief verharschtem Schnee entlang vereister Drahtseile. Die Hütten schlossen nicht ohne Grund zu dieser Zeit. Ich stieg voran, gefolgt von meiner Tochter. Es gab Stellen, da sank ich bis zur Hüfte im Schnee ein. Es gab Stellen, da rutschte ich weg. Und es gab Stellen, da durfte kein Fuß fehltreten, wollte ich nicht Hunderte Meter nach unten rutschen, wahlweise in Deutschland oder in Österreich, da die Grenze teilweise genau über dem schmalen Gipfelgrat verlief. Das kräftezehrende Einsinken und Wegrutschen störte mich nicht, doch jedes Mal dachte ich an meine Tochter hinter mir, wenn ich weiter vor stieg. Würde sie das schaffen? – Sie schaffte es!

Es gab Stellen, da schmerzten meine nackten Hände

wie verbrannt am vereisten Stahlseil. Und es gab den Moment, als, begleitet von Schneefall, der Hagel einsetzte. Die Hälfte meines Gesichtes fror ein, die Sicht schrumpfte auf einen Meter, vielleicht auf zwei. Warum tust du dir das an?, fragte eine Stimme in meinem Kopf. Warum tust du das deiner Tochter an? Ich gestehe, ich wäre vielleicht umgekehrt, hätte der Hagel eine halbe Stunde früher eingesetzt. Doch inzwischen war der Weg zurück zum Plateau bereits deutlich länger als der zum Gipfel. So stieg ich weiter, mit mehr Trotz und Wut im Bauch als alles andere. Ich wusste meine Tochter hinter mir, ich beschleunigte sogar. Ich wollte sie und mich nur so schnell wie möglich aus diesem Eissturm bringen. Ich wusste nicht, dass ihre Kapuze sie besser als mich vor dem Hagel schützte. Ich wusste nicht, dass meine Fußstapfen im Schnee ihre Tritte erleichterten. Ich wusste in diesen Minuten gar nichts, denn ich konnte nicht mehr denken.

Als ich die Gipfelebene erreichte, von der eine hohe Stahltreppe zur Hütte und der Aussichtsplattform führte, glaubte ich es nicht. Erst als meine Tochter hinter mir wohlbehalten nach oben kletterte und freudig strahlte, gefolgt von der Nachhut aus Vater und Sohn, erst da setzten meine Gedanken wieder ein, erst da begriff ich, dass es vorbei war, dass wir die Zugspitze bezwungen hatten.

Der Schluss ist schnell erzählt. Wir umarmten uns alle, schossen einige Erinnerungsfotos, tranken heißen Kakao und fuhren mit der letzten Seilbahn abwärts. Vom Eibsee brachte uns der Zug in das verregnete Garmisch. Ich überließ es meiner Tochter zu entscheiden, ob wir gleich zurückfahren oder ein Zimmer mieten sollten. „Entscheide du", sagte sie: „Ich würde auch im Auto schlafen und mich ausruhen." Mir war nicht nach Schlafen, und so wurde es Mitternacht, als wir in Mannheim ankamen. Und es wurde Mittag, bis wir gemütlich frühstückten, die Fotos anschauten und es fast nicht glauben konnten, dass wir gestern die Zugspitze bestiegen hatten.

Vorteile dieser Reiseform:

- Ein kurzer Wanderurlaub mit relativ klar vorgegebener Route (nämlich nach oben) ist schnell geplant. Man muss sich nicht groß absprechen.
- Die Zugspitze selbst zu erklimmen, erfüllt Vater und Tochter mit Stolz. Ein Erlebnis, an das die Beteiligten gern und lange zurückdenken.
- Grundsätzlich ist die Zugspitze für jeden eine machbare Tour, Kletterfähigkeiten sind nur während der letzten 200 bis 300 Höhenmeter gefragt (entspricht etwa zwei Stunden Zeit). Als Hilfe gibt es am Grat ein Drahtseil, an dem wir uns festgehalten haben. Aus Sicherheitsgründen ist diese Tour für Kindergartenkinder nicht geeignet.
- Günstig: Die Kosten lassen sich gut beeinflussen, je nachdem, wie viele Nächte man in welcher Unterkunftsart – Hütte oder Hotel – verbringt.

Nachteile dieser Reiseform:

- Es ist und bleibt ein Kurzurlaub mit Kind, bei dem man ein geringeres Tempo und längere Pausen einkalkulieren sollte. Als Faustformel gilt: Die 1,5-fache Normalgehzeit für Erwachsene entspricht der ungefähren Gehzeit mit Kindern. Schulkinder sind bereits zu Tagestouren in der Lage – wenn sie motiviert sind. Wichtig: Die Zeitangaben in Tourenbüchern und auf Wegweisern entsprechen der sogenannten Führerzeit, das heißt der Normalgehzeit für Erwachsene.

- Wer als Erwachsener allein mit Kind wandert, kann sich nur mit dem Kind austauschen. Gerade in kritischen Situationen wäre jedoch ein zweiter Erwachsener hilfreich.
- Sowohl Eltern als auch Kind sollten über eine sportliche Grundkondition verfügen. Eine Zugspitztour mit Kind kann man ab einem Alter von etwa zehn Jahren anvisieren. Bis zum Zugspitzplateau ist die Strecke anstrengend, jedoch nicht gefährlich. Erst der letzte Abschnitt des Aufstiegs zum Gipfel beinhaltet einige anspruchsvollere Passagen, die aber auch ohne Kletterausbildung zu meistern sind – Schwindelfreiheit vorausgesetzt.
- Vorsichtige oder ängstliche Eltern sollten den Trip besser planen und diesen eher in den Sommer verlegen, da dann die Wahrscheinlichkeit, in einen Sturm zu geraten oder vom Hagel erwischt zu werden, wesentlich geringer ist. In unserem Fall war das Drahtseil vereist, im Hochsommer wäre die Tour deutlich leichter gewesen.
- Übernachtungen in Hütten erfordern eine gewisse Kompromissbereitschaft. Oder man akzeptiert einen höheren Preis und mietet ein eigenes Zimmer, falls noch eines frei ist.

Erholung oder Abenteuer?

Beides in einem. Erholen wird sich derjenige, der die Natur genießen kann, ohne sportlichen Rekorden hinterherzujagen. Der oder die Jüngste bestimmt das Tempo. Dennoch bieten sich immer wieder Situationen, die der Abenteuerlust die Tür öffnen. Ob man diesem Verlangen nachgibt, hängt von der eigenen körperlichen Konstitution und Kondition sowie von der des Kindes ab.

Das würden wir beim nächsten Mal anders machen:

- Früher losfahren oder vor Ort eine Übernachtung einlegen und dann am Morgen ausgeruht starten. Im Dunkeln wandern macht einfach keinen Spaß und ist zudem gefährlich.
- Rechtzeitig vor Antritt der Reise auf gute Schuhe achten, die möglichst bis zum Urlaubsbeginn eingelaufen sein sollten.

Der ultimative Reisetipp für das gemeinsame Wandern mit Kind:

Genügend Motivationsverpflegung wie Müsliriegel, Schokolade oder Gummitiere einpacken. Da man lange wandert, helfen auch Wortspiele, eintönige Wegstrecken gefühlt rascher zu überwinden.

Spartipps:

Wer mehr als einmal im Jahr wandern möchte, sollte über eine Mitgliedschaft im Deutschen Alpenverein nachdenken. Die kostet derzeit je nach Größe und Angebot der Sektion für einen Erwachsenen zwischen 45 und 90 Euro pro Kalenderjahr. Ermäßigungen erhalten Partner, Familien und Jugendliche. Dafür zahlt man beispielsweise 18 statt 28 Euro für die Übernachtung in der Knorrhütte in einem Mehrbettzimmer und erhält eine kostenlose Beratung an den Alpenverein-Servicestellen oder telefonisch sowie per E-Mail bei der Alpinen Auskunft des DAV. Es braucht auch keine teure Outdoor-Kleidung, um im Hochgebirge zu wandern. Wichtig sind vor allem feste und gut eingelaufene Schuhe.

Allgemeine Infos:
www.alpenverein.de
www.alpine-auskunft.de
www.zugspitze.de
www.reintal.de

Fazit:

Es war bei idealem Wanderwetter die richtige Zeit und der richtige Ort. Zwei Tage später wäre die Hütte geschlossen gewesen.
Wir hätten mit der Bahn zum Gipfel fahren können, doch gerade die Strapazen machen eine Bergbesteigung unvergesslich. Wer einmal im Nebel, bei Hagel und Schneeschauer zu Fuß auf den höchsten Berg Deutschlands gestiegen ist, wird dieses Erlebnis nie vergessen.

Deutsche Jugendherbergen: Familienurlaub mit Programm

Text und Interview: Geraldine Friedrich

Urlaubsform:
Ferien mit zwei Kindern in etwa zehn verschiedenen deutschen Jugendherbergen

Beteiligte: Lisa (51), Frank (56), Marta (16) und Davi (13)

Dauer: jeweils 5 bis 7 Tage

Reisedistanz: innerhalb Deutschlands

Reiseverkehrsmittel: Auto

Kostenfaktor: sehr günstig, pro Tag für eine Familie mit ein bis zwei kleineren Kindern (je nach Alter) nicht mehr als 120 Euro im Familienzimmer. Der Preis beinhaltet Übernachtung, Vollpension und Programm. Beispiel: Die Reise „Ritterspaß im Burgenland" auf der Burg Trausnitz kostet für eine Familie mit einem Kind unter 3 und einem Kind zwischen 3 und 6 Jahren insgesamt etwa 600 Euro für 5 Nächte inklusive Verpflegung und Programm. Gerade Kleinkinder erhalten einen hohen Rabatt.

Vorbereitungszeit: gering, da die einzelnen Reisen mit entsprechendem Fokus wie Ritter, Indianer, Segeln oder Wandern samt Terminen feststehen. Einige beliebte Angebote sind allerdings schnell ausgebucht, daher sollten sie rechtzeitig angefragt werden.

Jugendherbergen sind etwas für Studenten und Klassenfahrten – denken viele. Sind Jugendherbergen für ältere Erwachsene nicht zu spartanisch?

Lisa: Natürlich bieten Jugendherbergen keinen Luxus, aber sie vereinen das, was für Familien wichtig ist: einen abwechslungsreichen Urlaub, der spannend für die eigenen Kinder ist und somit auch erholsam für die Eltern, in einer kinderfreundlichen Umgebung. Und das alles zu einem sehr guten Preis-Leistungs-Verhältnis. Viele Menschen haben noch immer die Vorstellung, dass es sich bei Jugendherbergen um spartanische Unterkünfte mit mäßigem Essen handelt und die Herbergseltern alle Anwesenden um 22 Uhr ins Bett schicken. Das stimmt definitiv nicht. Es gibt einige sehr schöne, renovierte Häuser. Lage und Atmosphäre der Jugendherbergen, gerade wenn sie sich in Burgen befinden, sind oft ganz besonders. Das Essen schmeckte uns immer gut bis sehr gut, im Unterschied zum Hotel hilft man halt beim Tischdecken und Abräumen. Mich stört das aber nicht, so lernt man schnell andere Reisende kennen.

Was gefällt Ihnen an den Familienreisen der Jugendherbergen besonders gut?

Mich überrascht die enorme Bandbreite. Neben den bewährten Kinderklassikern wie Ritter, Piraten, Indianer, Zirkus, Wander- und Paddelurlaub gibt es immer wieder auch ungewöhnliche Angebote, die man so von einer Jugendherberge nicht erwartet, wie etwa Rohkostfasten mit Familie, organisierte Städtetrips ins Ruhrgebiet mit Besuch des Musicals „Starlight Express“ oder eine Auszeit für Mütter und Töchter samt Wellnessprogramm. Es gibt sogar ein kleines Kontingent an Sprachreisen.

Welcher Urlaub ist Ihnen in Erinnerung geblieben?

Natürlich die Silvesterurlaube auf der Burg Trausnitz: Unterkunft, Essen, Programm waren perfekt, die Herbergsleiterin ist supernett. Auch unsere Osterfreizeiten am Bodensee in der Jugendherberge Lindau haben uns sehr gut gefallen. Einmal haben wir eine Kanufreizeit in der Jugendherberge Lübben im Spreewald unternommen: Das Programm war toll, aber die Räumlichkeiten haben schon bessere Tage gesehen. Aufgrund der Lage ist diese Jugendherberge wohl trotzdem ständig ausgebucht.

Wie wurden Sie auf den Familienreisen des DJH aufmerksam?

Wir wurden über die Skiangebote im DJH-Katalog auf die Reisen aufmerksam. Ein Skiurlaub mit zwei Kindern samt Skikurs geht ja schnell ins Geld. Unsere Kinder haben in der Jugendherberge Haidmühle-Frauenberg das Skifahren gelernt.

Wie sind die Unterkünfte?

Eine Familie bekommt in der Regel ein Familienzimmer. Das Niveau reicht von einfachen Zimmern mit Stockbetten und Waschbecken im Zimmer sowie Dusche/ Toilette auf dem Gang bis hin zum eigenen Apartment mit zwei Zimmern, eigener Küche und Bad auf einer Burg. Letzteres ist eher selten, wir haben es bereits vier Mal auf der Burg Trausnitz während unserer Silvesterurlaube genossen. Am Silvesterabend gab es für alle sogar ein Candle-Light-Dinner!

Eignet sich Familienurlaub in der Jugendherberge für jede Familie?

Wer super Komfort erwartet und eine ganztägige flexible Kinderbetreuung möchte, für den sind Jugendherbergen sicher nichts. Ich würde jetzt auch nicht jeden Urlaub in der Jugendherberge verbringen wollen, aber es ist auf jeden Fall ein kreativer, abwechslungsreicher Urlaub zu einem sehr günstigen Preis. Wir fahren im Schnitt einmal jährlich in eine Jugendherberge, manchmal mit Programm, manchmal buchen wir in deutschen Städten einfach nur das Familienzimmer und gehen auf eigene Faust los. Das haben wir beispielsweise in den Jugendherbergen Freiburg, Heidelberg, Stuttgart und Würzburg so gemacht.

Welcher Familientyp bucht denn die Angebote?

Es sind vor allem Familien, die etwas Originelles mit ihren Kindern unternehmen möchten und gern aktiv sind, sei es mit Outdoor-Sport oder in Form von Kreativurlaub à la Trommelworkshop oder Lego-Robotercamp. Es gibt sogar eine Reise, bei der ältere Kinder lernen, PC-Spiele zu programmieren. Mir ist in all den Jahren aufgefallen, dass Familien mit Einzelkindern gern auf die Angebote zurückgreifen, aber auch viele Alleinerziehende nutzen die Angebote der Jugendherbergen. Es gibt Angebote, die sich speziell an Vater und Sohn oder Mutter und Tochter richten. Ist ja auch nachvollziehbar: In der Jugendherberge knüpfen Kinder schnell Kontakte zu anderen Kindern und Erwachsene zu anderen Erwachsenen. Das kenne ich sonst bei Familienurlauben anders, da bleibt man eher unter sich.

Vorteile dieser Reiseform:

- Sie hat ein sehr gutes Preis-Leistungs-Verhältnis – gerade für Kleinkinder zahlt man oft nur einen Bruchteil der Erwachsenenpreise
- Insbesondere die als „Familien-Jugendherberge" zertifizierten Häuser sind extrem kinderfreundlich. Bettwäsche, Kleinkindbetten, Wickelauflagen, Hochstühle und Babyphones sind im Preis enthalten.
- Gerade kleinere Jugendherbergen veranstalten die Familienreisen exklusiv, das heißt, es gibt keine anderen Gäste oder nur einzelne Wanderer. Die Familien können die Infrastruktur vor Ort für sich allein nutzen.
- Mit einer Familienmitgliedschaft in Deutschland kann die ganze Familie auch die Jugendherbergen im Ausland nutzen. In der Schweiz ist zum Beispiel die Übernachtung sogar ohne Mitgliedschaft möglich, DJH-Mitglieder erhalten bei Vorlage ihrer Mitgliedskarte einen Rabatt.
- Es gibg eine enorme Bandbreite der Urlaubsangebote, die Programme sind stets gut organisiert und den verschiedenen Altersgruppen der Kinder angepasst. Bei einigen Angeboten können die Eltern ihre Kinder für einige Stunden abgeben – z. B. beim Skikurs – und nutzen dann die Zeit für sich.
- Familien und insbesondere Alleinerziehende bekommen schnell Kontakt zu anderen Familien.

Nachteile dieser Reiseform:

- Die Teilnahme an den DJH-Familienurlauben ist – wie der Aufenthalt in einer Jugendherberge generell – nur mit einer Mitgliedschaft möglich. Der Familienbeitrag ist in Deutschland allerdings mit 22,50 Euro sehr günstig.

- Im Vergleich zwischen den Jugendherbergen schwankt die Ausstattung der Unterkünfte, die Preise sind dagegen recht ähnlich. Wer Wert auf eine schöne Unterkunft legt, sollte sich vorab genau informieren, in welchem Zustand sich die jeweilige Jugendherberge befindet. Bei einigen Häusern herrscht Renovierungsstau, andere – wie beispielsweise die Jugendherberge Nürnberg – befinden sich in bester Innenstadtlage, sind top renoviert und bieten eine günstige Alternative zum Hotel.
- Mit größeren Kindern oder Teenagern reicht ein Familienzimmer oft nicht mehr, es gibt aber einzelne Jugendherbergen, die Apartments anbieten.
- Gerade größere Jugendherbergen haben neben den Familienreisen auch Schulklassen zu Gast. Das wirkt sich mitunter auf den Geräuschpegel aus.

Erholung oder Abenteuer?

Das hängt natürlich vom gewählten Urlaub ab, aber auf jeden Fall viel Spaß, oft verbunden mit Sportarten oder Kreativhobbys, die für Eltern und Kinder neu sind.

Das würden wir beim nächsten Mal anders machen:

Nichts.

Der ultimative Reisetipp:

Bei der Reise „Historisches Rittergelage“ auf der Burg Trausnitz verbringt man Silvester mit mittelalterlichen Tänzen, Kerzen ziehen, Filzen und Candle-Light-Dinner für die ganze Familie.

Spartipps:

Im Preis ist – bis auf die Anfahrt – alles enthalten, für die Anreise bietet der DJH zudem günstige Bahntickets.

Allgemeine Infos:
www.djh.de, http://familienurlaub.jugendherberge.de sowie in den Hauptkatalogen, die zweimal jährlich erscheinen. Diese erhält man kostenlos über http://familienurlaub.jugendherberge.de/katalogbestellung.

Fazit:

Über all die Jahre haben wir – bis auf eine kleine Ausnahme – nur positive Erfahrungen mit Jugendherbergen gemacht.

Fünf Familien und ein Ferienhaus: Skiurlaub mit fünf Babys

von Raimund Haser

Urlaubsform:
Skiurlaub fünf befreundeter Paare mit jeweils einem Baby im Großarltal im Salzburger Land in Österreich

Beteiligte: 10 Erwachsene im Alter von 32 bis 40 Jahren, 5 Babys zwischen 3 und 14 Monaten

Dauer: 7 Tage

Reisedistanz: rund 340 Kilometer

Reiseverkehrsmittel: jede Familie mit eigenem Pkw

Kostenfaktor: günstig, etwa 1.200 Euro pro Familie und Woche inklusive allem (Ferienhausanteil, Essen, Skipass, Benzin) und großzügig gerechnet

Vorbereitungszeit: kurz, wenn man das Ferienhaus bereits gefunden und gebucht hat. Beim ersten Urlaub dieser Art wird empfohlen, sich mindestens 6 Monate vorher mit allen Mitreisenden zu treffen, um Anforderungen an die Unterkunft festzuzurren. Die guten Ferienhäuser mit solchen Kapazitäten sind schnell ausgebucht, manchmal sogar schon ein Jahr im Voraus.

Sie sind klein. Sehr klein. Sie fahren weder Ski, noch sagt ihnen das Wort „Snowboard" etwas. Sie dürfen vor dem Jahr 2027 keinen Glühwein trinken und halten Après Ski für ein Spielzeug. Aber irgendwie müssen sie ja doch mit in den Skiurlaub, die Babys, die wir nun alle endlich bekommen haben. Nachdem es längst Zeit war, wie die frisch gebackenen Großmütter sagen.

„Aber ein Winter ohne Skifahren? Das geht nicht", sagt Papa Michael, Vater der sechs Monate alten Hannah. Er weiß die anderen vier Väter und deren Frauen hinter sich. „Gesucht wird ein Ferienhaus für zehn Erwachsene und fünf Kinder zwischen drei und vierzehn Monaten", lautet schließlich das Anforderungsprofil. 95 Prozent aller verfügbaren Betten weltweit fallen demnach weg. Und doch werden wir fündig: Das „Almdorf" der Familie Fischbacher im Großarltal ist wie gemacht für unseren Kollektivtrip. Die neu gebauten Bauernhäuser – sie liegen allesamt idyllisch an der Skipiste – verfügen über einen Kamin, einen großen Tisch, eine Sauna und fünf Schlafzimmer. Das größte der Häuser bietet reichlich Platz für alle. Was will man mehr. Ach ja, da wäre noch was: Spreißelfreie Holzfußböden, fünf Beistellbettchen in Babyphone-Nähe zum Aufenthaltsraum, Fläschchen-Wärmer, fünf Babystühle, eine Mikrowelle, mindestens drei Bäder und einen Windel-Container im Vorgarten hätten wir auch noch gern. „Kein Problem", sagt Sepp Fischbacher, selbst Familienvater. „Jetzt kommt erst mal, den Rest kriegen wir dann auch noch hin, wenn etwas fehlen sollte."

Das Skigebiet Großarltal gehört mit seinen acht Anlagen seit 2001 zum Skigebietsverbund „Amadé" im Salzburger Land. Mit insgesamt 270 Liftanlagen ist es einer der größten Skigebietsverbünde der Alpen, allerdings sind nicht alle Skigebiete direkt miteinander verbunden. Das Großarltal hingegen ist sehr kompakt – es gilt gerade wegen der überschaubaren Größe, der schneesicheren Lage und wegen seiner Abgeschiedenheit als empfehlenswerter Geheimtipp. Die Pisten sind breit und gut präpariert, für die Kleinen ist an der Bergstation viel Platz zum Austoben, die Sportlichen finden im Gelände zahlreiche Möglichkeiten. Extras wie „Skikeriki" – eine spezielle Fahrt früh morgens, wenn die Pisten offiziell noch gar nicht geöffnet haben – oder ein Riesen-Natur-Iglu, das als Bergrestaurant dient, sucht man anderswo vergebens. Auch landschaftlich ist die Gegend im Sommer wie im Winter reizvoll.

Das Großarltal ist bekannt als „Tal der Almen" und zieht in den Sommermonaten Wanderfreunde an. Auch im Winter könnten Nicht-Skifahrer Ausflüge zu Fuß, mit der Seilbahn oder auch mit dem Schlitten unternehmen. Das „Almdorf Großarltal" besteht aus acht unterschiedlich großen, frei stehenden Häusern, die eine gemeinsame Infrastruktur, wie zum Beispiel Skiraum oder Spielplatz, nutzen und nahe am Lift gelegen sind. Manche Hütten sind sogar mit Sauna ausgestattet, nur ein Hallenbad fehlt (noch).

Trotz idealer Ausstattung ist Baby-Skiurlaub echt hart. Härter als jede Skitour und spannender als der neue Warren-Miller-Streifen, in dem bunt angezogene Menschen – ohne Baby im Arm – von Felsenklippen in den Tiefschnee springen. Dass Urlaub zu fünfzehnt spannend ist, hat etwas zu tun mit Felix' triefender Nase, mit Hannahs Gespür für Orte, an die sie nicht hinkrabbeln soll, mit Benedikts Dauerschaukel-Anfällen auf dem Küchentisch, mit Mias Lärmempfindlichkeit beim Einschlafen und mit Jakobs Hang, lange aufzubleiben.

Schon der erste Morgen hat es in sich: „Kann mir jemand das X reichen?“ Denn der Felix darf das Wort „Nutella“ nicht hören. Hat er aber. Also greift der kleine Mann mit der triefenden Nase zur Fanfare, und wenig später schreien sich Kinder an, fuchteln Eltern hin und her, verstaut ein kluger Kopf das „X“ hinter einem karierten Plüschkissen auf der Eckbank und platziert ein Fläschchen geschickt zwischen Felix' rote Backen, die kurz darauf nur noch glucksen und nicht mehr schreien können. Die Gefahr ist gebannt.

Eine Stunde später, irgendwann zwischen den Themen „Kinderkrankheiten“ und „Pränatal-Diagnostik“ sowie: „Wie macht ihr das eigentlich mit den Bankkonten?“ oder: „Kennt jemand eine bezahlbare Wohnung in München?“, steht urplötzlich ein in Skiklamotten gehüllter Mann hinter den Kindern in ihren Hochstühlen und fragt, wer mit auf die Piste will. Es folgen zehn Minuten Diskussion darüber, wer jetzt was macht: „Ich mach Hannah noch kurz eine frische Windel.“ – „Fährst du heute und ich morgen?“ – „Ich glaub, der Benedikt wird krank.“ – „Ich muss noch Käsespätzle für heute Abend vorbereiten.“ – „Geh du ruhig, mir ist Skifahren ja sowieso nicht so wichtig.“ Weil sich alle Paare überraschend schnell einig werden – die Männer setzen sich am Ende zunächst durch –, stehen rechtzeitig zur Elf-Uhr-Karte (!) fünf ausgelaugte Ski-Süchtige an der Liftstation und freuen sich auf und schließlich auch über ein paar schöne Abfahrten so ganz ohne Familien-Trara.

„Schön ruhig hier.“ Diesen Satz sagen alte Leute, wenn sie im Restaurant den letzten freien Platz am wärmenden Ofen ergattern. Wenn aber ein frisch gebackener Vater so etwas in einer kalten Gondel zu vier anderen, nicht ausgeschlafenen Vätern sagt, dann nicken die anderen nur. Denn sie wissen ganz genau, was gemeint ist. Endlich zwei Skier unter den Füßen, endlich Schnee, endlich – ja – Ruhe. „Vielleicht", sagt Matthias schweißgebadet nach der zehnten Abfahrt durch unverspurtes Gelände, „genießt man den Sport ja mehr, wenn man weiß, dass man nicht allzu viele Abfahrten haben wird." Verzicht und Genuss entpuppen sich als zwei Seiten derselben Medaille. Philosophie im Sessellift. Und alles nur, weil man mal für einen Moment Ruhe hat.

Um 13 Uhr ist schließlich Schichtwechsel – die Frauen sind dran. Ein Wort macht die Runde: Es heißt „Druckbetankung" (= Stillen) und geht dem „Adieu" von Mama zwangsläufig voraus. Schließlich sind die Pisten nur bis 16.30 Uhr offen. Bis dahin müssen es die Kleinen ohne Futter aushalten, denn wie man weiß, macht die Gleichberechtigung vor der Nahrungsabgabe Halt. Die Männer machen es sich schließlich gemütlich, fühlen sich an die Elternzeit erinnert und – ja – sie haben richtig Spaß mit den Kleinen! Ein Spaziergang zum Café im Ort, eine Schlittenfahrt auf der Kinderpiste nebenan, eine Portion Käsespätzle hobeln für den Abend – irgendwie gehen Skiurlaubsnachmittage im Haus vorbei wie im Flug, wenn man sich erst einmal darauf eingelassen hat.

Und so spielt sich alles ein im Großarltal: Die Männer nehmen die Morgenstunden, die Damen fahren über Mittag, und am Abend genießen wiederum die Herren der Schöpfung die letzte Bergfahrt, um den Tag mit dem Blick in die untergehende Sonne zu beschließen. Die Kinder raufen sich zusammen, die Eltern singen abends Lieder, anstatt sich wie die Jahrzehnte zuvor in aufgeheizten, stickigen Bars die Après-Ski-Hits 1997 bis 2012 vorspielen zu lassen. Am Damen-Sauna-Abend in der

Hütte schauen die Männer Fußball, während Heidi Klums „Topmodel" am Männer-Sauna-Abend aus der Glotze flimmert. Und irgendwie verschwimmen die Geschlechterrollen: Armin ist fast nur noch in der Küche anzutreffen, während die Damen ihren Pistenanteil im Laufe der Woche signifikant erhöhen. Im Dorf kennt man „die fünf fahrenden Väter" rasch – die Gastronomie freut sich täglich auf ihren Besuch. Und auf der Piste kommt schlussendlich keiner zu kurz, erst recht nicht, weil Almdorf-Erbauer und Ur-Ur-Einheimischer Sepp Fischbacher uns mitnimmt auf eine rasante Pisten-Entdecker-Fahrt.

Am letzten Abend sind sich alle einig, dass das Experiment geglückt ist: Wer winterverrückt genug ist und ein wenig über den eigenen Schatten springen kann, ist im Baby-Winter-Skiurlaub gut aufgehoben. Beim nächsten Urlaub im Almdorf kann unser Nachwuchs den Kinder-Skilift und den Zwergerl-Skikurs-Garten selbst benutzen. Bis dahin üben Hannah und Mia, Jakob, Felix und Benedikt unfallfreies Robben im Schnee. Und wer weiß, vielleicht freuen sich die Großmütter bis zum nächsten Urlaub über ein paar Nachwuchsskistars mehr.

Vorteile dieser Reiseform:

- Babyurlaub mit anderen Eltern ist lustiger und abwechslungsreicher für alle: Die Babys können gemeinsam robben, die betreuenden Mütter und Väter verbringen die Zeit zusammen. Eine externe Kinderbetreuung erübrigt sich, denn eine Gruppe von vier Elternpaaren kann locker ein Baby mitbetreuen, wenn Papa schon unterwegs auf der Piste ist und Mama zu Hause vielleicht noch schnell duschen will.

- Lästige und schöne Küchenarbeiten verteilen sich auf viele Hände. Um mehr oder weniger hässliche Diskussionen über das Geschirrspülen und Abtrocknen zu vermeiden, sollte eine Geschirrspülmaschine vorhanden sein.
- Günstig: Die Kosten für ein großes Ferienhaus geteilt durch fünf Familien fallen in der Regel deutlich niedriger aus, als wenn eine Familie ein eigenes, kleineres Häuschen mietet.
- Bei der Mitnahme von Babyausrüstung kann man sich absprechen, damit die Autos nicht zu voll sind: Man braucht vor Ort keine fünf Wickelunterlagen.

Nachteile dieser Reiseform:

- Es bleibt wenig Zeit für den Einzelnen, denn entweder kümmert man sich um die Kleinen oder man geht gemeinsam mit den anderen Skifahren. Für Eltern, die gern auf kinderfreie Stunden dank Hotelkinderbetreuung setzen und Ruhe tanken wollen, ist diese Urlaubsform nicht geeignet.
- Zehn Erwachsene und fünf Babys unter einem Dach erfordern von jedem Einzelnen Kompromissbereitschaft, sei es, dass man unterschiedliche Definitionsspielräume von Ordnungsliebe toleriert, abends alle Eltern schalldämpfende Hausschuhe tragen müssen oder derjenige, der beim Brettspiel gewinnt, seine Siegesschreie in sich hineinbrüllt.

Erholung oder Abenteuer?

Beides in einem. Erholen wird sich derjenige, der es genießt, das Kinder-Haben mit alten Gewohnheiten wie „mit Freunden quatschen" oder „sportlich unterwegs sein" zu kombinieren, ohne dass es in Stress ausartet. Ein Abenteuer ist so ein Experiment auf jeden Fall, denn als Alternative kommen nur Familienhotels in Frage, in denen zwar an alles gedacht ist, die in ihrer Perfektion aber auch anstrengend sein können.

Das würden wir beim nächsten Mal anders machen:
Eine der Mütter hat sich zwar bereit erklärt, die ganze Woche für uns alle zu kochen, „weil sie das so gerne macht". Das ist aber nicht realistisch. Deshalb einen klaren Küchen-, Einkaufs- und Putzplan erstellen, damit hinterher alle gleichbehandelt wurden.

Der ultimative Reisetipp für den gemeinsamen Skiurlaub mit anderen Familien:
Auf kurze Wege zwischen Ferienhaus und Skilift achten, da die Zeitspannen, in der ein Elternteil Ski fährt, mit Baby deutlich kürzer geraten. Wichtig ist auch, dass eine gewisse Infrastruktur (Einkaufsläden, Cafés) in unmittelbarer Nähe erreichbar ist.

Spartipps:
Skigebiete wie das Großarltal haben Eltern von Babys und Kleinkindern als Zielgruppe mit eigenen Bedürfnissen entdeckt und bieten für die Eltern übertragbare Skipässe an. Die Idee ist so einfach wie genial, denn Eltern sparen je nach Gebiet bis zu 200 Euro pro Woche. Zudem vermeidet man vor Ort Stress und spart Geld, wenn man genügend Windeln, Feuchttücher, Milchpulver und Gläschen von zu Hause mitgebracht hat. Zwei warme Mahlzeiten pro Tag haben wir selbst zubereitet, ins Restaurant sind wir nie gegangen. Zum Teil haben wir die Lebensmittel mitgebracht. Aber sofern man nicht ans Ende der Zivilisation reist, kann man sich auch vor Ort gut eindecken – mit leckeren regionalen Produkten.

Allgemeine Infos:
www.almdorf-großarltal.at
www.austria.info

Fazit:

Es war die richtige Zeit und es war der richtige Ort. Es war das richtige Haus und es war die richtige Truppe. Wir hatten schönes Wetter und die Kinder waren gesund. Allein schon diese Aufstellung zeigt, an welch seidenem Faden der Urlaub hing. Dass alles super geklappt hat, war ein großes Glück. Umso mehr werden wir diesen Urlaub ein Leben lang nicht vergessen – weil er soooo schön war. Aber:
Es hätte auch anders kommen können. Wir würden es wieder machen. Aber nur mit je einem Baby und nur mit Paaren, die sich bereits kennen und sich sympathisch sind.

Pilgern mit Fahrrad: Mit Baby und Kleinkind auf dem Jakobsweg

Text und Interview: Geraldine Friedrich

Urlaubsform: Rad-Pilgern mit Kleinkindern auf der Küstenroute des Jakobswegs von San Sebastian nach Santiago de Compostela

Beteiligte: Boris (33), Ania (31), Emilia (3,5) und Natan (11 Monate)

Dauer: 32 Tage inklusive 2 Tage Anreise; 26 Radetappen mit durchschnittlich 33 Kilometern pro Tag

Reisedistanz: 1.300 Kilometer mit der Bahn von Karlsruhe nach San Sebastian plus knapp 874 Kilometer per Rad von San Sebastian nach Santiago de Compostela entlang der Küste

Reiseverkehrsmittel: Bahn und zwei Falträder, ein Kinderfahrrad und ein Radanhänger

Kostenfaktor: im Durchschnitt 35 Euro pro Tag für Unterkunft und Essen (Pilgermenüs und Lebensmittel) für die gesamte Familie, insgesamt etwa 1.200 Euro. Dazu kommt die Bahnfahrt nach San Sebastian (baskisch: „Donostia") hin und zurück inklusive einiger weiterer Bus- und Bahnstrecken. Die Ausgaben für den Transport betrugen 963 Euro. Insgesamt kostete der Urlaub etwa 2.200 Euro, das macht rund 550 Euro pro Woche für die gesamte Familie.

Vorbereitungszeit: lang; bereits ein Jahr vorher hat der Familienvater mit intensiven Recherchen der Radstrecke per Google Street View gestartet.

Wie kamen Sie auf die Idee, den Pilgerweg mit Ihren Kindern zu radeln?

Boris: Wir haben zuvor bereits einige kurze mehrtägige Radurlaube mit unseren Kindern in der Schweiz verbracht. Bevor wir Emilia und Natan bekamen, haben wir auch längere Touren unternommen, beispielsweise waren wir vier Wochen mit Rad bis in die Türkei unterwegs. Wir bewegen uns gern in der Natur, und den Jakobsweg wollten wir schon immer mal machen – auch wenn bei mir keine religiöse Motivation dahintersteht. Fliegen lehnen wir aus ökologischen Gründen ab.

Wie anstrengend war die Reise?

Der eine oder andere Radweg entpuppte sich vor Ort tatsächlich als Buckelpiste, die im Gestrüpp endete. Auch die Höhenmeter sind nicht zu unterschätzen. Und mir war nicht bewusst, dass Bahnfahren mit Fahrrad im Ausland so kompliziert sein kann. In der SNCF, der französischen Bahn, ist nämlich das Mitnehmen von Fahrrädern verboten. Wir mussten beide Falträder samt Anhänger jedes Mal zusammenklappen und in Taschen verstecken. Das dauerte in der Regel eine halbe Stunde, und danach waren wir schweißgebadet. Auch in der spanischen Bahn ist das Transportieren von Rädern offenbar nicht vorgesehen, bei der baskischen Bahngesellschaft dagegen schon. Am anstrengendsten waren demnach die Anreise und die ersten ein bis zwei Tage mit dem Rad.

Was raten Sie anderen Eltern, die überlegen, so eine Tour zu unternehmen?

Diese Urlaubsform eignet sich nur, wenn Eltern den nötigen sportlichen Biss mitbringen und darüber hinaus noch die Energie haben, ihre Kinder bei Laune zu halten. Neu-Radurlaubern würde ich von dieser langen Tour mit Kleinkindern abraten. Einen positiven Nebeneffekt hatten die Strapazen aber schon: Wir Erwachsenen haben jeweils fünf Kilo in Spanien gelassen, trotz opulenter Pilgermenüs bestehend aus Pommes, fettigen Würstchen, zuckersüßen Kuchen und Wein.

Wie viel Gepäck haben Sie mitgenommen?

Unser ganzer Tross wog etwa hundert Kilo, da sind aber die Kinder (zusammen fünfundzwanzig Kilo) und unsere Räder samt Gepäck (fünfzig Kilo) mit eingerechnet. Beim Gepäck haben wir uns auf das Allernötigste beschränkt: je Erwachsener zwei T-Shirts, zwei Unterhosen und etwa vier Garnituren für die Kinder, denn bei dem ständigen Auf und Ab spürt man jedes zusätzliche Kilo.

Wie war der Tagesablauf?

Wir haben es morgens gemütlich angehen lassen und waren meist die Letzten, die die Pilgerherberge verließen. Üblicherweise waren wir von neun bis etwa fünfzehn Uhr unterwegs und haben dann häufig vor den Herbergen gewartet, bis diese öffneten. Oft haben wir dieselben Fußpilger aus der vorherigen Herberge getroffen. Alles in allem entspannt – wenn nichts dazwischenkam.

Was kam denn so dazwischen?

Neben Schwierigkeiten und Verzögerungen, die uns der Zustand der Wege bereiteten, war es am schlimmsten, als Emilia urplötzlich krank wurde. Sie klagte über Kopfschmerzen, erbrach sich ständig und konnte nicht einmal Wasser bei sich behalten, sodass wir uns ernsthaft Sorgen machten. In der fremden Umgebung nimmt man gleich das Schlimmste an, beispielsweise eine Hirnhautentzündung. Aber letztendlich entpuppte sich das als falscher Alarm. Es war „nur" ein fieser, aber harmloser Magen-Darm-Virus. Nach dem Gang zum Kinderarzt und einem Antibrechmittel ging es Emilia rasch wieder gut.

Vorausbuchen oder spontan Herbergen anradeln?

Wir hatten nur die ersten beiden Nächte fest gebucht, danach weiß man ja nicht genau, wie weit man tatsächlich kommt. Das gehört zum Pilgern dazu. Es gehört aber auch zum klassischen Albtraum, irgendwo nachts mit Kleinkindern ohne Herberge dazustehen. Das ist uns zum Glück nie passiert, wir wurden oft bei der Schlafplatzvergabe bevorzugt und bekamen manchmal sogar ein Privatzimmer.

Wie hat es den Kindern gefallen?

Gut, würde ich mal behaupten. Emilia ist sogar fast vierzig Kilometer auf ihrem eigenen Rad gefahren, mehr war aber angesichts der Höhenmeter nicht drin. Meist saß sie zusammen mit ihrem elf Monate alten Bruder im Anhänger, beide schauten sich die Landschaft an oder schliefen während der Fahrt. Wichtig war für

Emilia und Natan, dass wir ausgiebig Pausen machten, damit sie spielen und toben konnten. Wir waren stets nah am Meer unterwegs, das fanden die Kids toll. Und wir natürlich auch. Da gab es immer schöne Plätze und – wir sind ja im Juli und August gereist – die Gelegenheit, sich kurz abzukühlen.

Würden Sie die Reisezeit und -route noch mal so wählen?

Auf jeden Fall. Wir haben uns bewusst für die Küstenroute, auch Nordroute genannt, entschieden. Dort wehte immer ein laues Lüftchen und die Temperaturen lagen meist um 25 Grad Celsius. Der klassische Jakobsweg führt ja durchs Landesinnere. Dort trifft man nicht nur auf lange, schattenlose Wege bei heißen Temperaturen, sondern auch auf etwa zehn Mal so viele Pilger. Wir wollten einfach etwas mehr Ruhe und keine 300-Betten-Pilgerunterkünfte. Zudem eignet sich die Küstenroute besser für das Radpilgern.

Haben Sie andere Familien mit Kleinkindern getroffen?

Um ehrlich zu sein, haben wir nur eine fußpilgernde Familie mit einer dreijährigen Tochter getroffen, die in einem Bollerwagen saß. Es gab zwar Geschichten und Gerüchte von anderen Pilgern über pilgernde Familien, die zwei Wochen davor dort unterwegs gewesen sein sollen, aber wir selbst haben nur diese eine Familie getroffen. Wir waren sicher die exotischsten Pilger.

Gab es auch kritische Kommentare?

Viele unserer Mitpilger hatten bestimmt ein mulmiges Gefühl und Angst um ihre wohlverdiente Nachtruhe, wenn sie uns in der Herberge sahen. Bei dem sehr freundschaftlichen und rücksichtsvollen Umgang der Pilger miteinander hat sich aber kaum einer etwas anmerken lassen. Die Angst war übrigens unbegründet, weder Emilia noch Natan ließen sich durch den Herbergsbetrieb von ihrem guten Schlaf abhalten.

Da Sie selbst nicht religiös motiviert waren:
Was hat Ihnen am Pilgern am besten gefallen?

Am meisten haben mich der Zusammenhalt und die Hilfsbereitschaft beeindruckt. Wir haben viel Unterstützung von Pilgern und Einheimischen erfahren, etwa als Emilia krank wurde oder als unterwegs das Pedal an meinem Fahrrad kaputt ging. Da hat mich ein zufällig vorbeikommender spanischer Mountainbiker wortwörtlich am Ärmel in die nächste Stadt gezogen und bei einer Fahrradwerkstatt abgesetzt. Dort hat der Mechaniker dann bis eine Stunde nach Ladenschluss am Fahrrad gewerkelt und es tatsächlich wieder in Gang gebracht. Dafür wollte er schließlich nur 20 Euro Materialkosten. Andere hätten diese Situation sicherlich ausgenutzt. Ein tolle Erfahrung, an die wir gern zurückdenken.

Vorteile dieser Reiseform:

- Sie ist unschlagbar günstig, da das Bett im Schlafsaal pro Erwachsener meist nur um die 10 Euro kostet und die Kinder gratis in den Betten der Eltern schlafen. Als pilgernde Familie mit Kleinkindern verfügt man (noch) über eine Art Exotenstatus, der häufig auch zu Vergünstigungen wie einem Privatzimmer ohne Extrakosten führt.

- Als radelnde Familie erntet man viel Respekt und Hilfsbereitschaft. Letztere durften wir erfahren, als unsere Tochter Emilia krank wurde und einige Einheimische sich rührend um unser Wohlergehen kümmerten. Sei es, dass sie uns ins örtliche Gesundheitszentrum brachten oder eine passendere Unterkunft vermittelten, weil Schlafsaal mit krankem Kind einfach nicht ging.
- Wir empfanden die meisten mitreisenden Fußpilger und Einheimischen als sehr kinderfreundlich.

Nachteile dieser Reiseform:

- Sie ist anstrengend, vor allem, wenn ungeplante Hindernisse wie nicht passierbare Wege auftauchen oder die Kinder nicht mitmachen – oder beides kombiniert.
- Tägliches Wäschewaschen gehört beim Radpilgern genauso dazu wie beim Fußpilgern.
- Einige Fußpilger empfanden es als Belästigung, von Radpilgern überholt zu werden, damit muss man umgehen können.
- Als radelnde Familie sollte man mehr und längere Pausen einplanen, das heißt, die zu bewältigende Tagesetappe mit Rad entspricht in etwa der eines Fußpilgers.
- Das Übernachten in Schlafsälen war meist okay, nur einmal benahmen sich einige angetrunkene Pilger daneben, verursachten Lärm und schnarchten laut.

Erholung oder Abenteuer?

Definitiv keine Erholung, da physisch anstrengend, aber: Durch viele neue Eindrücke, Erfahrungen und nicht zuletzt die Anstrengung haben wir gut vom Alltag abgeschaltet. Über diesen Urlaub werden wir sicher noch in zwanzig Jahren sprechen.

Das würden wir beim nächsten Mal anders machen:
Nichts, außer die Reise vielleicht etwas gelassener anzugehen.

Der ultimative Reisetipp:
Neben dem Meer, das fast täglich zum Baden einlädt, sollte man sich auf keinen Fall die liebevoll gestaltete Herberge von Padre Ernesto in Güemes entgehen lassen. Sie liegt etwa auf halber Route zwischen San Sebastian und Santiago de Compostela. Auch etwas abseits der Route gibt es einige Attraktionen für Kinder, zum Beispiel den Tierpark Cabarceno in der Nähe von Santander oder das Dinosaurier-Museum bei Colunga.

Spartipps:
Die Reise an sich war insgesamt sehr günstig. Teuer war allerdings die Anschaffung der Falträder samt Sportkleidung.

Allgemeine Infos:
Der Weg ist im Allgemeinen gut ausgeschildert, zusätzlich ist aber ein guter Wanderführer mit Informationen zur Infrastruktur und gerade für Radpilger eine Karte im Maßstab von 1 : 100.000 zu empfehlen. Für die Nordroute des Jakobswegs existiert bis dato kein Führer, der die besten Radwege beschreibt.

Detaillierte Infos zum Küstenweg (spanisch):
www.caminodesantiago.consumer.es/los-caminos-de-santiago/del-norte/

Zum Thema Radfahren in Spanien (deutsch):
www.adfc.de/adfc-reisenplus/ausland/europa-infos/spanien/landeskunde-fuer-radler

Rad-Pilgern mit Kindern (englisch):
www.familyonabike.org/familyonabike/PedallingPilgrims/PedallingPilgrimsHome.html

Literaturtipps:

- Rother Wanderführer „Jakobsweg Camino del Norte: Küstenweg von Irun bis Santiago de Compostela – 33 Etappen“ von Cordula Rabe
- „Spanien: Jakobsweg Küstenweg – Camino de la Costa, Camino del Norte und beliebte Varianten“ von Raimund Joos, erschienen im Conrad Stein Verlag

In eigener Sache:
Im Februar 2015 veröffentlicht Boris Burcza seine eigenen Reiseerfahrungen in einem Reisebuch der Edition Reiseratte **Pilgern mit Kind: Per Rad auf dem Jakobsweg**. In dem Werk berichtet der zweifache Vater und Arzt ungeschminkt von den Höhen und Tiefen des Radpilgerns mit Kindern, gibt Tipps zur Ausrüstung, welche Herbergen sich lohnen, welche Sehenswürdigkeiten kleinkindaffin sind und beschreibt jede einzelne seiner Etappen detailliert.
10,95 Euro, www.edition-reiseratte.de

Fazit:

Anstrengend,
aber schön.

Haustür zu und los:
Drei Tage per E-Bike durch die Schweiz

von Geraldine Friedrich

Urlaubsform:
Individuell organisierte E-Bike-Tour mit Gepäcktransport durch den Aargau in die Innerschweiz mit Startpunkt grenznahes Deutschland

Beteiligte: Geraldine (44), Michael (49) und Tim (5)

Dauer: 4 Tage, 3 Nächte

Reisedistanz: rund 185 Kilometer mit dem E-Bike, etwa 70 Kilometer mit dem Zug

Reiseverkehrsmittel: zwei E-Bikes plus ein Kinderfahrrad, Letzteres als komplettes Rad verbunden per „Follow me" mit dem E-Bike des Papas. Zudem hatten wir noch einen klassischen Hartschalen-Kindersitz dabei.

Kostenfaktor: sehr günstig OHNE Gepäcktransport, rund 215 Euro für die 3 Übernachtungen inklusive Frühstück in Familienzimmern der Schweizer Jugendherbergen Brugg, Luzern und Beinwil am See.

(Kostenfaktor:) inklusive Verpflegung, Taschengeld und Rückfahrt mit der Bahn von Lenzburg nach Basel etwa 450 Euro. ABER: Der Gepäcktransport von Tür zu Tür kostet bei so einer mehrtägigen Tour mehrere hundert Euro (im konkreten Fall liegt er bei dem entsprechenden Anbieter für 2 Gepäckstücke bis zu jeweils 20 Kilogramm für 3 Tage bei etwa 400 Euro), sodass man sich ernsthaft überlegen sollte, für einen Kurztrip lieber in gute Fahrradtaschen zu investieren – und nur das Nötigste einzupacken.

Vorbereitung: Rechtzeitige Buchung der Familienzimmer in den Jugendherbergen im Sommer absolut notwendig. Genaue Planung der Reiseroute mit einer Karte im Maßstab von 1:100.000 hilft.

Ach hätt' ich doch, ach hätt' doch ... ach, hätt' ich doch mich doch selbst um Karten gekümmert. Nun stehen wir da. Ohne. Was vom Radreise-Veranstalter, der in unserem Fall ausschließlich als Gepäckkurier agiert, als „Kartenmaterial" angekündigt war und am Abreisetag beim Abholen des Gepäcks vorbeigebracht wurde, hat den Maßstab 1: 200.000. „Geht gar nicht", fasst mein Gatte nach einem kurzen Blick zusammen und setzt sich an den PC. Er recherchiert, druckt aus, recherchiert, druckt aus, recherchiert und druckt aus. Mit etwa zweieinhalbstündiger Verspätung fahren wir dann am Sonntag endlich los. Die Kartenfunktion der Datenkrake Google hat unseren Trip gerettet.

Unser Plan: Wir starten eine dreitägige E-Bike-Tour mit unserem fünfjährigen Sohn. Die Reise beginnt ab der eigenen Haustür. Da wir in Südbaden leben, nur 500 Meter von der Grenze zur Schweiz entfernt, fiel die Wahl auf das Reiseziel Schweiz samt Übernachtung in Schweizer Jugendherbergen. Die Idee unseres Urlaubs: Einfach schauen, wie weit wir kommen, wenn wir selber strampeln. Und nicht, wie sonst bei längeren Distanzen, mit Auto oder Bahn fahren. Die Übernachtungen sind natürlich vorgebucht. Für mich ist es tatsächlich der erste mehrtägige Urlaub auf zwei Rädern, mein Mann hat als Student schon zweiwöchige Radtouren unternommen.

Unsere beiden E-Bikes haben wir bereits mit dem Umzug ins neue Heim vor zwei Jahren angeschafft. Wir leben nun auf einer Höhe von 450 Metern über NN, in unserer Gemeinde existiert quasi keine ebene Straße. Wir sind geübte E-Bike-Fahrer, auch weil wir uns damit das Zweitauto sparen. Tagestouren bis 35 Kilometer nach Basel und Umgebung legen wir als Familie häufig mit dem E-Bike zurück. Im Herbst fahren wir damit stets in den nahe gelegenen Wald, um Pilze zu sammeln, denn auch hier hat das E-Bike einen unschlagbaren Vorteil: Wir müssen nicht das Auto Gott-weiß-wo parken und drei Kilometer bis zu unserer Steinpilzstelle zurücklegen, sondern fahren genau da hin, wo es die Pilze gibt (oder auch nicht).

Unser Motto lautet: Der Weg ist das Ziel. Es ist Mitte August und wir haben zum Start einen warmen Sonnentag in einem sonst regnerischen Sommer 2014 erwischt. Das ist gut für die Moral und den inneren Schweinehund. Wir radeln über Rheinfelden in den Aargau, halten an einem Eiscafé in Fricktal (Tipp: Solche Gelegenheiten unbedingt nutzen, um zwischendurch die Akkus aufzuladen) und erreichen 55 Kilometer und fünf Stunden später die erste Station, die Jugendherberge Brugg im Aargau. Sie gehört mit gerade einmal 50 Betten und zwei Familienzimmern zu den kleineren Jugendherbergen der Schweiz, kategorisiert ist sie als „einfach". Trotzdem wird sie die Lieblingsunterkunft unseres Kurztrips. Das alte Gemäuer namens „Schlössli Altenburg" stammt vermutlich aus dem 16. Jahrhundert. Wir sind als Familie in einem putzigen Vierbettzimmer namens „Hofnarrenstübli" untergebracht, und natürlich fasziniert meinen Sohn, dass dort auch schon „echte Ritter" gewohnt haben. Bei unserer Erkundungstour durch das Schlössli landen wir versehentlich in der Diele einer Familie, deren Haus direkt an die Jugendherberge grenzt und die einen schönen Bauerngarten rund um die „Jugi", wie man in der Schweiz sagt, angelegt hat. Zu Fuß gehen wir abends an der Aare entlang in die Innenstadt. Brugg gehört nun nicht gerade zu den Must-Sees der Schweiz, da wir aber bereits von der Schweiz einiges gesehen haben, überrascht uns dieses Städtchen mit einer Mischung aus Industrieromantik aus dem 19. Jahrhundert und mittelalterlicher Historie.

Am nächsten Tag folgt die erste echte Bewährungsprobe: Regen. Bindfäden. Wir fahren trotzdem los und sind in kürzester Zeit durchnässt. Der Einzige, der wirklich wetterfeste Kleidung trägt, ist mein Sohn. Ich selbst habe in einem Anfall geistiger Umnachtung – anders kann ich das leider nicht entschuldigen – nur Jeans und eine dünne Dreiviertelhose eingepackt, eben Kleidung, mit der ich sonst E-Bike fahre. Die Dreiviertelhose bewährt sich letztendlich doch, da sie zwar schnell nass, aber auch schnell wieder trocken ist.

Nach einer Stunde hört es auf zu regnen und wir erreichen auf Feldwegen entlang der Aare, vorbei an der Habsburg, den Hallwilersee. Dank Nebelschwaden strahlt die Seenlandschaft eine mystische Stimmung aus. Die Radwege haben wir für uns allein, denn wer ist so bescheuert und fährt bei dieser Witterung freiwillig Rad? Wir passieren den See direkt am Ufer und erreichen nach 65 Kilometern gegen 16 Uhr Luzern. Hier verirren wir uns, sodass wir uns mitten durch die Stadt quälen, samt Horrorverkehr an einer riesigen Kreuzung mit Baustelle.

„Das ist viel zu gefährlich", kommentiert eine Frau an der Bushaltestelle, bei der ich mich nach dem Weg zur Luzerner Jugendherberge erkundige. Mein Mann, eher Macher als Kommunikator, ist aber längst losgefahren. In diesen Situationen bewährt sich unser Hartschalen-Kindersitz, den wir in letzter Sekunde noch aufs Rad meines Mannes gepackt haben, denn auf dem normalen Kinderfahrrad möchte ich im Stadtverkehr meinen fünfjährigen Sohn jetzt nicht wissen. Für Fahrten auf stark befahrenen Straßen in der Stadt, die sich auch bei perfekter Routenplanung nie hundertprozentig ausschließen lassen, und für den Fall, dass mein Sohn müde ist und möglichst nicht vom Rad fallen soll, zahlt sich dieser Sitz aus. Tim hat nämlich bereits im zarten Alter von einem Jahr die Angewohnheit entwickelt, auf dem Fahrrad-Kindersitz zu schlafen.

Wir finden den Weg dann doch recht schnell, es folgt eine letzte stramme Steigung, die Akkus der E-Bikes stehen fast bei null, als wir ankommen. Nach diesen

70 Kilometern freuen wir uns alle auf das Abendessen und eine warme Dusche, denn es regnet stark. Am nächsten Morgen ist der Wettergott wieder gnädig und mein Mann hat bereits herausgefunden, dass sich die Luzerner Jugendherberge in der Nähe des berühmten Gletschergartens befindet. Nochmals geht es per E-Bike durch die Luzerner Innenstadt, das letzte Stück fahren wir durch eine enge, abschüssige Gasse. Plötzlich stehen wir in einer Menschentraube asiatischer Touristen, die vermutlich dasselbe Ziel haben wie wir: den Gletschergarten. 1872 entdeckte Josef Wilhelm Amrein-Troller bei dem Versuch, einen Weinkeller zu bauen, Fossilien sowie zahlreiche Gletschertöpfe, also runde Löcher von mehreren Metern Tiefe, im Sandstein mit darin liegenden Findlingen. Amrein-Troller bekam zwar keinen Weinkeller, stattdessen entstand neben seinem Schweizer Chalet und Wohnhaus vor rund 150 Jahren eine der meist besuchten Sehenswürdigkeiten der Schweiz. Der moderne Teil des Museums zeigt immer wieder Sonderausstellungen, die sich mit der Berg- und Gletscherwelt auseinandersetzen. Bis 2018 plant das Museum den spektakulären Bau eines 20 Millionen Schweizer Franken teuren Rundgangs samt Ausstellungsräumen durch den Sandsteinfelsen beim Gletschergarten.

Im Sommer 2014 zeigt die Sonderausstellung „Lawinen" Gefahren, die von denselben ausgehen. Ein Filmdokument demonstriert, wie mehrere Skifahrer von einem Schneebrett mitgerissen werden. „Sind die Menschen in echt gestorben?", will mein Sohn wissen. Der vielleicht einminütige Film wiederholt sich in Endlosschleife – immer und immer wieder. In einem anderen Raum beobachten wir durch eine Lupe, wie aus einem Wassertropfen in wenigen Sekunden ein

Schneekristall entsteht. Der Gletschergarten ist über die Jahrzehnte zu einem Sammelsurium an Attraktionen gewachsen, die nicht alle thematisch zusammenpassen, aber trotzdem spannend sind. Dazu gehört natürlich auch das Spiegel-Labyrinth, in dem man sich zwar nicht wirklich verlaufen kann, aber Kind und Eltern sich mehrfach spiegeln, sodass der eine nie weiß, wo der andere gerade „in echt" steht.

Nach diesem eindrucksvollen Vormittag radeln wir 30 Kilometer zu unserer letzten Station, der Jugendherberge Beinwil am See. Bereits im Jahre 1931 wurde das ehemalige Bauernhaus zur Jugendherberge umgebaut, dazu kam 1977 ein moderner Anbau. Was uns am meisten freut: Die Herberge grenzt direkt an das Strandbad am Westufer des Hallwilersees, und dorthin begeben wir uns auch unmittelbar nach der Ankunft, denn die Sonne scheint. Tim freundet sich auf dem schwimmbadeigenen Spielplatz schnell mit einem sechsjährigen Berliner Mädchen an, das mit seinen Eltern ebenfalls gerade Urlaub in Beinwil macht.

An unserem letzten Tag fahren wir gemütlich 20 Kilometer bis nach Lenzburg und erklimmen dort mit unseren E-Bikes den Berg zum gleichnamigen Schloss, welches einst sogar Kaiser Barbarossa sein eigen nannte. Neben einem Gefängnis mit zwei im Original erhaltenen Zellen und jeder Menge Projektionen und Hörspielen, die vom Leben im Mittelalter erzählen, verfügt das von April bis Oktober geöffnete Schloss Lenzburg über ein nettes Café und ein Kindermuseum, in dem der Nachwuchs malen, basteln und sich verkleiden kann. Nach zwei Stunden Schloss lassen wir uns den 500 Meter hohen Berg hinabrollen, radeln durch die Altstadt zum Bahnhof und nehmen den nächsten Zug bis Basel. Die letzten elf Kilometer ins heimische Inzlingen sind uns vertraut. Ein stürmischer Wind kommt auf, kurz bevor wir zu Hause sind. Doch schlechtes Wetter kann uns nach diesen drei Tagen nicht mehr schockieren.

Vorteile dieser Reiseform:

- Ganz klar: Man erlebt Land und Leute als E-Radler aus einer langsameren, gemütlicheren Perspektive.
- E-Bikes eignen sich hervorragend für Eltern, die nicht mit hängender Zunge ankommen wollen, mehr Strecke pro Tag schaffen oder eine gegebene kurze Strecke in kürzerer Zeit zurücklegen möchten, um mehr Zeit vor Ort zu haben.
- Gerade in hügeligem Gelände wie in der Schweiz hilft der Motor enorm. Wer noch Kind und Gepäck im Schlepptau hat, ist spätestens nach 30 Kilometern für jede Unterstützung dankbar. In flachen Gegenden lässt sich gut ohne Motor radeln.
- Vor Ort ist man mit E-Bike extrem flexibel und kann auch sehr steile Ziele ohne Probleme erklimmen.
- Man bewegt sich. Das macht nicht nur den Kopf frei, sondern hält auch fit.
- Es ist günstiger als jedes andere Verkehrsmittel, denn den Strom zum Aufladen der Akkus erhält man gratis in der Unterkunft oder im Restaurant.

Nachteile dieser Reiseform:

- Das Wetter lässt sich nicht buchen.
- Günstige Unterkünfte müssen lange vorausgebucht werden.
- Wer sonst gar keinen Sport treibt, empfindet diese Reiseform vielleicht als (zu) anstrengend.

- Auf Tagesetappen, die länger als 30 Kilometer sind, sollte man sparsam mit dem Akku seines E-Bikes umgehen, denn man weiß nie, was an Steigungen noch bevorsteht.
- Schnellstraßen ohne Radwege oder Baustellen lassen sich bei so einer individuell geplanten Tour nicht immer zu 100 Prozent vermeiden, da braucht es gute Nerven und in jedem Fall einen sicheren Kindersitz.

Erholung oder Abenteuer?

Für uns eindeutig Abenteuer und das Verlassen der inneren Komfortzone.

Das würden wir beim nächsten Mal anders machen:

Zwei Nächte statt einer an einem Ort verweilen, um mehr Sightseeing erleben zu können, etwas kürzere Distanzen wählen, um mehr Zeit vor Ort zu haben, besseres Kartenmaterial kaufen und vielleicht doch in eine Radlerhose investieren.

Der ultimative Reisetipp für eine mehrtägige E-Bike-Tour mit Kind:

Sehr schön fanden wir die Jugendherbergen in Brugg (Ritterburg) und in Beinwil (mit Strandbad). Toll mit Kind war der Besuch des Luzerner Gletschergartens. Streckentechnisch würden wir beim nächsten Mal eher eine Tour um einen See oder entlang eines Flusses bevorzugen und vorab unsere Beziehung zum Wettergott intensivieren.

Spartipp:

Für Kurztrips in die Schweiz sind die Jugendherbergen für Familien vermutlich die günstigste Option. Vorher gut überlegen, ob ein teurer Gepäcktransport nötig ist. Und: Genug haltbares Trockenfutter wie Kekse, Reiswaffeln, Salami, Knäckebrot für unterwegs einpacken. Das macht teure Restaurantbesuche überflüssig, es sei denn, man muss den Akku der E-Bikes aufladen.

Allgemeine Infos:
www.gletschergarten.ch
www.schloss-lenzburg.ch
www.youthhostel.ch
www.regionbrugg.ch
www.myswitzerland.ch

Fazit:

Gut 185 Kilometer Strecke und 1.500 Höhenmeter in drei Tagen. Trotz Startschwierigkeiten sind wir zu begeisterten E-Bike-Familien-Urlaubern geworden. Was mich überrascht hat: Mein Sohn blieb stets gut gelaunt, das Radfahren mit Mama und Papa durch die Natur fand er spannend. Tim war selbst bei Regen gut drauf und sang während des Radelns häufig Lieder frei nach Pippi Langstrumpf: „Ich mache mir die Welt, wie sie mir gefällt." Es braucht manchmal weniger, als man denkt, um Kinder glücklich zu machen.

Rumänisches Donaudelta: Familienurlaub mit Pelikan

von Françoise Hauser

Urlaubsform: Abenteuerurlaub light

Beteiligte: Laurentiu (33), Françoise (41), Janette (35), Sorin (39), Andrei (5) und Elias (6)

Dauer: 8 Tage

Reisedistanz: rund 1.700 Kilometer einfach

Reiseverkehrsmittel: per Flugzeug ab Deutschland nach Bukarest oder Constanţa, weiter per Zug oder Bus nach Tulcea (Zug: 5,5 bzw. 3 Stunden, Bus 5 bzw. 2 Stunden), dem „Tor zum Delta". Ab hier geht es per Schiff weiter zu den einzelnen Orten im Delta. Die Boote und Guides für lokale Ausflüge mietet man über die Unterkunft im Delta.

Kostenfaktor: günstig, etwa 1.500 Euro pro Familie und Woche inklusive Flug ab Deutschland, Unterkunft, Boot und Essen

Vorbereitungszeit: In diesem Fall war die Unterkunft nicht vorgebucht und wir haben problemlos eine Herberge gefunden. Im Nachhinein betrachtet ein schierer Glücksfall! Viele kleine Hotels und Pensionen lassen sich per Internet oder über auf Rumänien spezialisierte Reisebüros vorab buchen, und genau dies sollte man bereits ein halbes Jahr im Voraus auch tun.

„Was wollt ihr? – Fischen? Vögel beobachten? Pelikane? Kann ich alles ab Crişan organisieren." Mit einer schnellen Bewegung streicht der Pensionswirt Gheorghe die Karte glatt. Sie sieht gut aus, irgendwie professionell, ist aber fast unnötig, denn der Weiler Crişan liegt inmitten des Donaudeltas, umgeben von einer rund 5.000 Quadratkilometer großen Wasserfläche etwa drei Bootsstunden von der nächsten Stadt Tulcea entfernt. Straßen gibt es hier keine. Wie auch, steht doch Crişan auf einem der wenigen „Grinduri", einem schmalen Streifen fester Landmassen, der auch Häuser trägt. Drumherum: nichts als Wildnis.

Seen, die sich bis zum Horizont erstrecken, Schilfgebiete und scheinbar undurchdringliches Dickicht, das sich erst auf den zweiten Blick als schwimmende Insel herausstellt. Wäre der Titel „letzter Urwald" Europas nicht schon fahrlässig an Dutzende andere Lokalitäten vergeben, hier würde er zur Abwechslung wirklich passen, denn das Donaudelta sammelt Auszeichnungen und Superlativen wie ein Spitzensportler: das größte Feuchtgebiet Europas, das größte zusammenhängende Schilfgebiet der Welt, seit 1991 UNESCO Weltnaturerbe und Biosphärenreservat – und natürlich das zweitgrößte Delta Europas – nur die Wolga kann der Donau sprichwörtlich das Wasser reichen. Wer diese Welt entdecken will, braucht ein Boot. Und auch das hat der Wirt selbstverständlich parat, genauso wie die passenden Bootsführer. Hier im Alleingang loszuschippern wäre schier unverantwortlich.

Für uns – vier Erwachsene und zwei Jungen von fünf und sechs Jahren – beginnt das Abenteuer allerdings schon einige Stunden vorher. Kurz hinter der rumänischen Stadt Tulcea teilt sich die Donau in drei große Arme, die allesamt ins Schwarze Meer münden. Wie die meisten Reisenden entscheiden wir uns für den mittleren

Arm, den Braţul Sulina. Drei Stunden tuckert das Schiff durch die Wildnis, dann tauchen die ersten Häuser von Crişan auf. Dass wir uns für diesen Ort entscheiden, ist willkürlich. Mitten im Delta? Passt. Verlaufen kann man sich hier nicht: Eine einzige Straße hat das Dorf auf dem wenige Meter schmalen Grinduri, und sie zieht sich einmal über die komplette Länge.

Erfreulich ist: Gleich die erste Pension hat nicht nur zwei passable Zimmer frei, der Wirt spricht auch gut Deutsch. Die Herberge ist einfach, aber sauber. Na ja, fast. Die Küche kann sich sehen lassen, das staubige Zimmer eher weniger. Dafür sitzt ein knallgrüner lebendiger Frosch auf dem Klokasten im Bad und das Bettzeug riecht frisch gewaschen. Die Hausmannskost der Wirtin dagegen ist schnell beschrieben: Fisch. Und Fisch und noch mehr Fisch. Immer frisch aus den umliegenden Seen oder selbst geräuchert. Dazu gibt es Mămăligă, eine Art Polenta, Tomaten aus dem kleinen Garten und Weißbrot. Fischliebhaber schwören aufs Donaudelta, alle anderen kommen trotzdem.

Für Kinder ist das nicht immer der kulinarische Hauptgewinn. „Pfui!", lautet Elias' unumstößliches Urteil nach einem Löffel Fischsuppe. Also heißt es für uns Marmeladenbrot – morgens, mittags, abends –, was die beiden Jungs wiederumerstaunlich gleichmütig hinnehmen. Der Grund für das magere Angebot ist schnell erklärt: Außer dem Fisch, Tomaten und Trauben werden sämtliche Lebensmittel per Boot vom Festland gebracht. Der einzige Gemischtwarenladen Crişans hat daher ein sehr überschaubares und haltbares Angebot. Für die Reisekasse ist das durchaus verträglich: Wir haben nur wenige unvorhergesehene Ausgaben – wofür auch?

Am nächsten Tag machen wir uns früh auf den Weg, das Delta zu erkunden. Stundenlang tuckert unser kleines Außenborder-Boot samt ortskundigem Bootsführer

Florin durch lianenverhangene Kanäle, mäandrierende Flüsschen, durch Schilfgestrüpp und über den Alt-Arm des Donauhauptkanals Braţul Sulina – immer mit der spannend-schönen Gewissheit: So abgelegen ist die Route; fiele der Bootsmann ins Wasser, wäre die Rückkehr ungewiss. „Woher weiß der Bootsmann, wo es langgeht?", will Andrei wissen – eine gute Frage, denn selbst die Einheimischen müssen sich im Labyrinth des Schilfs immer wieder überraschen lassen: War da nicht gestern noch ein kleiner Kanal zum See? Eine Insel? Was auf den ersten Blick wie Festland erscheint, ist meist nur ein schwimmender Teppich aus Farnen, Schilf und Modermasse, der sich mit jeder Bugwelle hebt und senkt. Fasziniert fischen die Kinder mehrere armlange Federn aus dem Wasser und versuchen die zahllosen Frösche von den Blättern der Seerosen zu klauben. Während Bootsführer Florin ihnen immer wieder rechts und links einzelne Tiere zeigt – meist Kormorane, Reiher, Störche und schillernd-türkise Eisvögel –, plätschert das Boot langsam über den Bogdaproste-Kanal. Das Ziel: die Pelikankolonien des Trei-Iezere-Sees.

In Bilderbüchern sind Pelikane immer putzig und tragen gern mal eine Tonne Hausstand mit sich herum, den sie bei passender Gelegenheit hervorkramen. In Wirklichkeit sind sie vor allem eines: unglaublich groß. Und zahlreich. Wenn Tausende von Pelikanen schwerfällig ihre zweieinhalb Meter Flügelspannweite ausstrecken, dann geht das nicht leise oder harmonisch vor sich: Unter schrillem Gekreische und Geflatter nehmen die schweren Tiere Anlauf, mittendrin ein paar Kormorane, die wie eine Kindergartengruppe unter Hooligans wirken.

Mit ihrer gewichtigen Präsenz sind die Pelikane die wohl spektakulärsten Bewohner des Deltas, und doch nur eine Spezies von vielen: Rund 1.000 Pflanzenarten wachsen auf dem Territorium, 3.500 Tierarten leben hier – die richtige Adresse also für alle, die ihren Kindern einen Nerz ohne Knopf und Kragen zeigen wollen oder nach Adler, Fischotter, Biber oder Wildkatze suchen. Doch fernab aller Zahlen ist es die schiere Unermesslichkeit des Deltas, die den Besucher – sogar die Kinder! – verstummen lässt: Wer auf einem der Seen den Motor ausschaltet, erlebt eine Stille, wie sie im besiedelten Westeuropa einfach nicht mehr existiert.

Ein paar menschliche Bewohner gibt es natürlich dennoch – um die 15.000 zähe Gestalten sind es, die sich von eisigen, feuchten Wintern mit klirrend kalten Steppenwinden, der totalen Einsamkeit und den nicht existierenden Ablenkungsmöglichkeiten nicht abschrecken lassen. Und von der Arbeitslosigkeit. Wer nicht Fischer wird oder einen der raren Verwaltungsposten erwischt, hat kaum eine Chance auf ein geregeltes Auskommen im Delta. Auch der Bootsführer Florin kennt das Problem. Außerhalb der Saison? Schulterzucken – manchmal Gelegenheitsjobs ... Wenn er trotzdem bleibt, dann, weil ihn die Schönheit des Deltas nicht loslässt. Weil es Heimat ist.

Abends, zurück in der Herberge, kramt der Wirt zwei Angeln aus der Kammer und ruft die Jungen zu sich. „Abendessen fangen!", fordert er. Mit Eimer und Angel geht es an den Rand des Grinduri. Im roten Licht der Abendsonne stehen Elias und Andrei einträchtig am Ufer und wetteifern um den größeren Fang. Obwohl Angeln bekanntermaßen ein Geduldssport ist, müssen sie keine Minute warten: Kaum hängt der Köder im Wasser, zupft der erste Fisch an der Leine. Und was für einer! Die Kinder kämpfen zu zweit an einer Angel, die sich gefährlich biegt, ja selbst die Erwachsenen sind kaum in der Lage, die Rute zu halten. Allen Anfeuerungen zum Trotz – „Pack ihn dir! Den kriegen wir!“ – setzt der Fisch dem Machtkampf kurz entschlossen ein Ende und beißt die Schnur durch. Die Frage: „Können die auch einen Finger abbeißen?“ bleibt unbeantwortet und den ganzen nächsten Tag müssen weder Elias noch Andrei ermahnt werden, die Hände im Boot zu lassen. Gut, dass es in Crişan nie an Geräuchertem mangelt. Uns ist es egal, das Marmeladenbrot kommt sowieso nicht aus dem See.

Auch die nächsten sechs Tage erweisen sich als spannendes Abenteuerangebot: Mit großen Augen erleben die Jungen ihren ersten Adler in nur wenigen Metern Entfernung – „Ist der echt?!“ –, spüren halb-wilden Pferden hinterher und stellen mit Erstaunen fest, dass fast jedes Haus im Delta von einem Storchennest gekrönt ist. Die Abfahrt zurück in die „Zivilisation“ fällt schwer – auch wenn nun wieder fischfreie Mahlzeiten locken.

Vorteile dieser Reiseform:

- Wenn es um das Naturerlebnis und um Tierbeobachtungen geht, ist das rumänische Donaudelta unschlagbar. Auch kleine Kinder kommen hier dank der vielen Tiere auf ihre Kosten.
- Obwohl wahrlich nicht alle Rumänen Deutsch sprechen, sind die Menschen unglaublich freundlich und geduldig, sodass die Verständigung notfalls auch per Wörterbuch und Gesten klappt.
- Preislich ist das Donaudelta gut planbar. Zusätzliche Kosten fallen mangels Angebot kaum an.

Nachteile dieser Reiseform:

- Ohne Vorausbuchung ist es kaum möglich, das Delta zu erkunden.
- Für die Anreise per Flugzeug, Bus und Boot muss man, je nach Ankunftszeit des Flugzeugs, mindestens einen Tag einrechnen.
- Ein Bootsführer ist zwingend nötig, im Alleingang lässt sich die Wildnis nicht erkunden.
- Luxus gibt es im Delta eher selten. Jedes Jahr werden allerdings einige Hotels gebaut, die das Angebot erweitern.

Erholung oder Abenteuer?

Wellness-Programme und Kinderbetreuung gibt es im Delta nicht, für uns war es eindeutig eine Abenteuerreise, wenn auch eine ungefährliche.

Das würden wir beim nächsten Mal anders machen:

Vorausbuchen! Es war pures Glück, dass wir auf Anhieb eine Herberge gefunden haben.

Der ultimative Reisetipp für das Donaudelta:

Mehr Snacks und haltbare Lebensmittel mitnehmen, denn das Angebot im Delta ist sehr begrenzt.

Spartipps:

Rumänienflüge ab Deutschland sind schon ab 120 Euro zu haben, vorausgesetzt, man reist nicht im Juli oder August und bucht einige Monate im Voraus. Im Sommer werden oft auch günstige Charterflüge nach Constanţa angeboten. Von dort aus ist es per Bus oder Mietwagen nicht mehr weit nach Tulcea, dem „Tor zum Donaudelta".

Es müssen keine Sicherheitswesten mitgebracht werden. Sämtliche Bootsvermieter des Deltas scheinen sie in allen Größen vorrätig zu halten und bestehen darauf, dass die Gäste sie auch anziehen.

Allgemeine Infos:

Die Internetseite www.donaudelta.de bietet einen schönen geschichtlichen und landschaftlichen Abriss des Deltas. Wenn es um Unterkünfte geht, ist www.ddbra.ro/en/tourism-operators.php#1 eine gute Adresse.

Allgemeine Infos zur Anreise bietet auch das rumänische Fremdenverkehrsamt unter

www.romaniatourism.com/delta.html#tulceatourist.

Busverbindungen innerhalb Rumäniens findet man unter www.autogari.ro,

Züge lassen sich unter www.cfrcalatori.ro online buchen.

Fazit:

Ganz klar, das war der spannendste Europa-mit-Kind-Urlaub überhaupt, der sich sogar mit Borneo messen kann! Kulinarisch ist das Delta für Fischhasser kein Spitzenziel, die Fülle von Tiersichtungen macht diese Scharte jedoch mühelos wett.

Schippern mit dem Bungalowboot: Reisen mit behindertem Kind

Text und Interview: Geraldine Friedrich

Urlaubsform:
Individuelles Reisen per Bungalowboot

Beteiligte: Matthias (44), Almut (47), Clara (14), Jaron (11) und Josia (8)
Dauer: zwei Mal jeweils eine Woche in der Nebensaison
Reisedistanz: 240 Kilometer mit dem Auto nach Plaue/Brandenburg und 140 Kilometer auf der Havel
Reiseverkehrsmittel: Auto, Bungalowboot Bunbo1160L (barrierefrei), Wohnmobil
Kostenfaktor: günstig, Unterkunft und Verpflegung (Selbstversorgung) belaufen sich für eine Woche auf etwa 1.000 Euro (Nebensaison) bis 1.500 Euro (Hauptsaison), die Bootsmiete allein beträgt etwa 700 bis 1.200 Euro inklusive Entsorgung und Endreinigung.
Vorbereitungszeit: gering; ein Engpass ist das Buchen der Bungalowboote zu Ferienzeiten, denn diese sind mittlerweile sehr beliebt.

Was ist ein Bungalowboot?

Matthias: Ein Bungalowboot sieht aus wie ein Häuschen auf einem Floß. Wir sind ganz gemütlich auf der Havel bei einem Tempo von etwa sechs Stundenkilometern geschippert und haben die langsam vorbeiziehende Landschaft genossen. Vier bis sechs Personen passen auf so ein Boot, genau richtig für uns.

Braucht man dafür einen Führerschein?

Anfänger können bei Urlaubsantritt einen sogenannten Charterschein machen, den man vor Ort mit der Übergabe des Bootes absolviert. Theorie und Praxis dauern zusammen etwa drei Stunden. Den theoretischen Teil können Bootsneulinge schon vorher zu Hause lernen. Die Theorie wird vor Ort in einer kurzen Prüfung abgefragt, dann erfolgt im Anschluss die praktische Einweisung, die etwa eine Stunde dauert.

Wie sind Sie auf diese Reiseform gestoßen?

Wir haben davon zufällig auf einer Reha-Messe in Düsseldorf erfahren und gleich auf der Rückfahrt im Zug gebucht. Seitdem haben wir zwei Mal unseren Urlaub auf einem Bungalowboot verbracht und waren jedes Mal begeistert. Für uns war aber entscheidend, dass ein bestimmter Typ des Bungalowboots rollstuhlgängig ist, denn unser ältestes Kind Clara, mittlerweile 14 Jahre alt, ist auf den Rollstuhl angewiesen. Zudem war uns wichtig, dass wir und unsere zwei Jungs etwas erleben können.

Was müssen Sie bei der Reiseplanung als Vater einer behinderten Tochter beachten?

Behinderung ist nicht gleich Behinderung. Könnte unsere Tochter vielleicht nur nicht gehen, wäre das Reisen mit ihr nicht besonders kompliziert. Unsere Tochter Clara ist aber aufgrund eines Geburtsschadens schwer körperlich und geistig behindert und leidet zudem an einer durch eine Impfung hervorgerufenen Epilepsie. Sie kann also nicht nur nicht gehen, sondern sie muss auch gefüttert und gewickelt werden. Reisen mit Clara bedeutet für uns erst einmal sehr viel Gepäck.

Was benötigt Clara?

Wir müssen eine Duschliege einpacken, auf der sie liegt, während wir sie waschen. Und Clara braucht eine Sitzhilfe, die sie beim Sitzen gut hält, damit wir sie füttern können. Für die Nächte benötigen wir sehr viele Polster, damit sich Clara im Schlaf nicht an den Wänden stößt oder gar auf den Boden fällt. Sie braucht natürlich einen Rollstuhl und jede Menge Wechselklamotten. Allein das Mittagessen kann bei ihr locker eine Stunde dauern. Je nachdem, ob sie eine gute, stabile Phase hat oder nicht, geht sehr viel daneben.

Welche Urlaubsformen kommen für Sie in Frage?

In den Urlaub zu fliegen können wir angesichts der Gepäckmengen getrost vergessen. Wir reisen immer mit unserem behindertengerechten Transporter, sonst wäre die Menge des Gepäcks nicht zu bewältigen. In der Regel suchen wir uns barrierefreie Ferienwohnungen im Umkreis von vier Autostunden aus. Manchmal treffen wir uns mit befreundeten Familien in Jugendherbergen, denn dort gibt es barrierefreie Zimmer. Den Sommerurlaub 2014 verbrachten wir in einem speziell umgebauten Wohnmobil in Masuren, das Wohnmobil ist mit sogenannten Kraftknotenpunkten ausgestattet. An diesen lässt sich Claras Rollstuhl während der Fahrt fixieren, normale Wohnmobile bieten das nicht.

Wie sind Sie auf dieses Wohnmobil gekommen?

Über den Verein MS Mobil in Münster, der mittlerweile über zwei speziell für Schwerbehinderte ausgestattete Wohnmobile verfügt und diese kostengünstig an entsprechende Familien verleiht. Unser Fahrzeug hatte beispielsweise eine Hebebühne und einen Deckenlift. So ein Wohnmobil kostet neu 240.000 Euro und wäre bei einem kommerziellen Anbieter auch in der Miete extrem teuer. Man muss allerdings sehr früh buchen, um in den Genuss zu kommen, die Nachfrage ist sehr groß.

Sie planen für 2015 eine Fernreise ohne Clara. Warum?

In unserem Familienleben dreht sich logischerweise sehr viel um unser ältestes Kind, das ist auch in Ordnung, aber wir haben auch zwei gesunde Kinder, die ebenso wie wir noch mehr von der Welt sehen wollen. Mit Clara sind Flugreisen jedoch nicht möglich. Für uns ist Urlaub sehr schön, zum Teil aber auch sehr anstrengend, da wir den Alltag unter erschwerten Bedingungen bewältigen müssen. Beispiel: Wenn Clara in die Schule geht, braucht sie immer eine Betreuerin an ihrer Seite. Wenn sie mit auf Klassenfahrt fährt, müssen von der Krankenkasse drei Krankenschwestern allein für sie abgestellt werden, die sich in drei Schichten à acht Stunden um sie kümmern. Diese Unterstützung haben wir während eines Familienurlaubs nicht.

Wo geht Clara dann in der Zeit Ihres Urlaubs hin?

Wir haben bereits ein Hospiz für die Zeitspanne von neun Tagen gefunden. Ins Hospiz geht man nicht nur zum Sterben. Hospize sind auch dazu da, Kinder und Jugendliche mit einer lebensbegrenzenden Diagnose aufzunehmen. Die Nachfrage ist sehr groß, die Zahl der Plätze leider sehr klein. Auch hier müssen sich Eltern sehr früh, mindestens ein Jahr vorher, um einen Platz kümmern.

Wohin wollen Sie verreisen?

Wir denken an Südafrika, da wir ja nur neun Tage haben und eine Reise in eine andere Zeitzone sich aufgrund des Jetlags nicht lohnt. Wir wollen diese Gelegenheit aber für eine für unsere Verhältnisse exotische Reise nutzen.

Vorteile der Reiseform Bungalowboot:

- günstig
- barrierefreies Reisen ist möglich, man hat genügend Stauraum für die benötigten Utensilien.
- entspanntes, langsames Reisen und viel Zeit inmitten der freien Natur. Man reist jeden Tag nur so viele Kilometer, wie man möchte.
- Das Reisen auf dem Wasser bietet eine andere Perspektive auf die vorbeiziehende Landschaft.

- Es verleiht einem das Gefühl von Abenteuer und Freiheit. Man kann einfach am Gewässerrand ankern und in der Natur übernachten.
- Das Steuern des Bootes macht genauso viel Spaß wie das Planen der Route und das Studieren der Seekarte.

Nachteile der Reiseform Bungalowboot:

- Auf einige Stromfresser wie Fön und Toaster muss man verzichten können, da sie an Bord nicht betrieben werden können. Der Betrieb eines Laptops ist dagegen kein Problem.

Erholung oder Abenteuer?

Abgesehen von unserer besonderen Lebenssituation war es beides: Abenteuer für die Jungs, und für uns Entspannung durch das Schippern auf der Havel.

Das würden wir beim nächsten Mal anders machen:

Nichts.

Der ultimative Reisetipp:

Wer angeln kann und darf, sollte dies tun. Die Gewässer sind fischreich und nichts schmeckt besser als ein selbst gefangener Fisch.

Spartipp:

Für Familien, die das Wetterrisiko nicht scheuen, lohnt das Bunbo in der Nebensaison. Es ist dann rund ein Drittel billiger.

Allgemeine Infos:

Bunbo ist ein kommerzieller Anbieter, der bei insgesamt achtzig Booten über fünf barrierefreie Boote verfügt (www.bunbo.de). Der Verein MS Mobil aus Langballig bei Flensburg wurde dagegen von betroffenen Familien gegründet und vermietet ein behindertengerechtes Wohnmobil an Rollstuhlfahrer, vorzugsweise an Vereinsmitglieder, aber auch an andere. Die Nachfrage ist sehr groß, detaillierte Ausleihbedingungen finden sich unter www.msmobil.de.

Fazit:

Wir sind froh, dass wir das Bungalowboot entdeckt haben, und haben unsere zwei Urlaube sehr genossen.

Sitzfleisch für Fortgeschrittene: Familienreise per Fernbus

von Françoise Hauser

Urlaubsform:
Busreise nach Rumänien

Beteiligte: Françoise (47) und Elias (11)

Dauer: gefühlt eine Ewigkeit, de facto 40 Stunden pro Strecke

Reisedistanz: rund 4.000 Kilometer hin und zurück

Reiseverkehrsmittel: per Fernbus von Heilbronn ans Schwarze Meer in Rumänien

Kostenfaktor: sehr günstig, Hin- und Rückfahrt 186 Euro für Erwachsene, Kinder bis 12 Jahre zahlen die Hälfte, das macht insgesamt 279 Euro für beide. Pro Person sind 60 Kilo (kein Druckfehler!) Freigepäck erlaubt.

Vorbereitungszeit: rechtzeitige Buchung per Telefon oder E-Mail, am besten 4 Wochen vorher

„Das ist mit Abstand die blödeste Idee, die du je hattest!" Die Haltung meines elfjährigen Sohnes zum Thema „Busreise nach Rumänien" ist von Anfang an eindeutig.

Was nicht am Reiseziel liegt, sondern an der Wahl des Verkehrsmittels. Für mich ist klar: Mit dem Bus nach Rumänien zu fahren ist ein Abenteuer. Zudem eines, das sich Tausende von rumänischen Saisonarbeitern und deren Familienangehörige jedes Jahr antun. Kann das so schlimm sein?

Laut Busfahrplan im Internet dauert die Fahrt von Heilbronn nach Constanţa am Schwarzen Meer rund dreißig Stunden. Das klingt irgendwie gar nicht so viel, vor allem, wenn man nachmittags abfährt und in der nächsten Nacht ankommt. Ich sehe mich lesen, Schokolade knabbern, ausruhen, während Elias auf die ominöse WLAN-Ausstattung hofft, die auf der Webseite des Veranstalters erwähnt wird. Preislich ist der Bus unschlagbar: 186 Euro hin und zurück, von Heilbronn bis Constanţa am Schwarzen Meer, Kinder bis zwölf zahlen die Hälfte. Für viertausend Kilometer – also nicht einmal 7 Cent pro Kilometer.

Ein kurzes Telefonat mit dem Veranstalter in Frankfurt, dann sind wir Eigentümer zweier Bustickets, die per Post ins Haus kommen. Bleiben einige kleine Details: Der Bus fährt am Bahnhof ab. Logisch. Zumindest für die nette Reisebüroangestellte am Telefon. Doch wo genau? Eine Haltestelle der Busfirma gibt es nicht. Ein kurzes, erneutes Telefonat am Tag der Abreise hilft leider wenig: „Das hat noch nie jemand gefragt." Na dann ... Gut fünfhundert Meter vom Bahnhof entfernt gibt es einen Bereich, in dem verschiedene Fernbusse halten. Dann wohl hier, oder?

Als der Reisebus mit einer halben Stunde Verspätung samt Qualmwolke eintrudelt, platzt er schier aus den Nähten. Die mittlere Tür ist nicht mehr zu öffnen, hier stapelt sich Gepäck zwei Meter hoch vor der Toilettentür. „Plin!" („Voll!"), winkt der genervte Fahrer ab.

Auf Rumänisch natürlich, denn ebenso wie der zweite Fahrer spricht er kein Deutsch. Aus der vorderen Tür purzeln derweil die Raucher, die meisten zünden sich die Kippe schon auf der Treppe an. Wir haben eine Platzreservierung bezahlt – 10 Euro, die extrem gut angelegt sind! –, und nur dieser Tatsache ist zu verdanken, dass wir nebeneinandersitzen dürfen, und zwar ganz vorn. Eigentlich hat sich hier der pausierende Busfahrer eingerichtet. Macht nichts, dann sitzt er halt auf dem Boden zwischen den Reihen. Ein überzähliger Passagier findet sich, etwas verdutzt, schließlich ohne Gurt neben dem Fahrer wieder.

Wir werfen einen schnellen Blick über die vollen Reihen: Unter den Passagieren sind einige allein reisende junge Männer, ein älteres deutsches Ehepaar auf familiärer Spurensuche im Banat, wie sich später herausstellt, mehrere Familien und ziemlich viele Frauen mit Kindern: Rumäninnen, die in Deutschland leben und ihre Verwandten in Rumänien besuchen. Das ist beruhigend: Wenn die Veteranen das ihren Kindern zumuten, schaffen wir es auch. Die erste Frage ist jedoch gleich unlösbar: Wohin mit all den Taschen? Der riesigen Provianttüte? Dem Handgepäck mit den Wertsachen? Es wird verflucht eng im Fußraum, ich ahne mit kribbeligen Füßen, dass dies ein orthopädischer Albtraum wird. Die Hoffnung auf WLAN und dergleichen andere Späße verpufft natürlich auch: Wenn die Technik so ist, wie die Optik vermuten lässt, dann können wir froh sein, wenn die Bremse funktioniert. Er braucht sie oft: Der Bus hält an jeder Mülltonne. Und an jeder Toilette auch. Logisch, denn vor dem buseigenen Klo stapeln sich ja die Koffer.

Die Fahrt führt über die Autobahn gen Österreich und es stellt sich schnell ein klarer Rhythmus ein: Raststätte –

Toilette – Rumstehen/Rauchpause – Weiterfahrt. In den ein- bis zweistündigen Fahrtabschnitten dazwischen – länger geht nicht, denn irgendeiner muss immer – beobachten wir den Busfahrer. Er scheint ein richtig netter Mensch zu sein. Zumindest hat er viele Freunde, mit denen er unbedingt in Kontakt bleiben muss. Mit der rechten Hand – da tippt es sich schneller – pflegt er einen regen Austausch per WhatsApp, mit der Linken telefoniert er zeitgleich auf Rumänisch: „Ja. Hast du mit Gheorghe darüber gesprochen? – Keine Ahnung. – Nee, bin erst in Österreich ..." Um den Bus kümmert er sich natürlich auch: Beide Ellenbogen ins Lenkrad gerammt, dirigiert er den Bus über die nächtliche Autobahn. Immerhin fährt der verantwortungsvolle Chauffeur nur 90 Stundenkilometer, schafft es aber, sage und schreibe drei Mal jeweils im Baustellenbereich geblitzt zu werden. In den Pausen gibt es nur spärliche Gespräche unter den Mitreisenden. Niemand fragt, warum wir Bus fahren. Alle kennen die Tortur. Und werden garantiert wieder fahren. „Nicht mal 190 Euro, das ist billig. Und so viel Gepäck, wie du willst", fasst es eine Mitreisende in der Rauchpause zusammen.

Dann die erste Raststätte auf ungarischem Boden. Kaum sind die Busfahrer im Restaurant verschwunden, zieht einer der Passagiere drei Plastikdeckel aus der Tasche und geht vor der Bustür in Stellung: Alba Neagra – Hütchenspiele. Das ist so klischeehaft, dass man es kaum glauben mag. Die Hände fliegen über die Plastikmatte. Wo ist das Geldstück? Rechts? Links? In der Mitte? Der Einsatz ist hoch: 100 Lei, das sind immerhin rund 25 Euro. Dementsprechend impulsiv die Reaktion der Verlierer. Nach wenigen Minuten eskaliert die Situation, die Busfahrer lösen das Handgemenge mit einem Hinweis auf die Polizei auf. Auf dem Boden des

Busses findet Elias ein rumänisches Faltblättchen: „Wir unterstützen keine Hütchenspiele." Ach so. „Na, da weiß ich ja, wie ich auf der Rückfahrt mein Taschengeld aufbessere", schlägt Elias vor.

Im hinteren Teil des Busses ist die Stimmung lebhaft. Zwei Familien haben es sich mit sechs Kindern gemütlich gemacht. Brote, kalte Mici (eine Art Cevapcici), verschiedene Soßen und Tomaten werden durchgereicht, ein kleines Radio trällert fröhlich rumänische Volkslieder, während über die Bordlautsprecher der Soundtrack eines ziemlich brutalen Films scheppert. Die Passagiere nehmen es gelassen. Elias liest, spielt auf dem Tablet, schaut aus dem Fenster, liest, spielt, liest, spielt. Solange es möglich ist – die Leuchten am Platz sind allesamt kaputt, sodass es nach Einbruch der Dunkelheit nur hell wird, wenn der Fahrer an den Raststätten die Schockbeleuchtung anschmeißt. Wirklich was zu sehen gibt es nicht: Im Dunkeln sehen die europäischen Autobahnen ziemlich gleich aus. Ab und an raunt mir Elias ein „Ich hab's gleich gewusst" zu. Stimmt.

Erstaunlich ist: Keines der Kinder im Bus muckt auf. Einige sind mit ihren Handys beschäftigt. Ansonsten schauen sie aus dem Fenster, essen, schlafen, jedes für sich. Auch Elias und ich fallen ineinander verhakt in einen unruhigen Dämmerschlaf – nach fünf Minuten tut immer irgendein Körperteil weh.

Am Vormittag erreichen wir die ungarisch-rumänische Grenze. Rumänien mag in der Europäischen Union sein, nicht aber im Schengen-Gebiet, sodass die Fernbusse einzeln kontrolliert werden. Eine junge Frau verlässt unauffällig den Bus – und kehrt hinter der Grenze genauso unauffällig zurück. Immerhin, nun wird auch die Landschaft spannender. Was schlicht daran liegt, dass es in Rumänien kaum Autobahnen gibt. Immer wieder begegnen uns Pferdefuhrwerke, rechts und links der Straße liegen alte Bauernhöfe, teils verfallen und mit deutschen Aufschriften – Banater Schwaben, die längst in Deutschland wohnen. In Deva, einer gesichtslosen Stadt, ist Zeit für eine geradezu humoreske Mittagspause: Am Rande eines riesigen Parkplatzes steigt eine fette Rauchsäule auf. Erst auf den zweiten Blick ist der Imbisswirt im Feinripp-Unterhemd zu erkennen. Günstig ist es schon: umgerechnet ein Euro für vier Mici mit Brot. Das Problem: Gut dreißig Busse stehen bereits durcheinandergewürfelt da, die Schlange am Grill wird nur noch von der Toilettenschlange übertroffen. Sicher ist: Hier möchte ich mein Kind nicht aus den Augen verlieren. Rumänien ist zwar zu keiner Zeit beängstigend, chaotisch allerdings schon. Dumm ist auch: Es gibt nichts anderes als besagte Mici mit Senf und Brot. Der Rest des Tages zieht sich wie Gummi: noch mehr Dörfer, Busbahnhöfe, Tankstellen. Endlos. Meine Beine sind mittlerweile auf das doppelte Volumen angeschwollen.

Es ist weit nach Mitternacht, als der Bus in Bukarest ankommt. Mitten in einem Wohngebiet hält er an und wirft die Koffer auf die Straße. Die Anschlussbusse? „Keine Ahnung. Irgendwo da hinten." Der Busfahrer hat keine Zeit und wischt meine Fragen mit einer unwilligen Geste weg: „Versteh ich nicht, versteh ich nicht", äfft er mich nach, obwohl ich eigentlich ganz passabel Rumänisch spreche. Sechzig Kilo Freigepäck sind ziemlich schwer, wenn man sie selbst schleppen muss. Wenige Minuten später stehen wir schweißgebadet vor der Zentrale der Busfirma. Das Fenster leuchtet gleißend über die dunkle Straße. Gegenüber lockt ein McDonald's mit warmem Essen und einer Toilette. Doch wohin mit dem Gepäck? Wir lassen es schließlich völlig entnervt mitten auf der Straße stehen und holen uns eine Tüte Burger. „Endlich was Anständiges zu essen!“, seufzt Elias. Recht hat er. Die Sache mit den Anschlussbussen ist freilich ein Problem: Immerhin ist unser Bus mit mehr als vier Stunden Verspätung angekommen, der vorgesehene Minibus nach Constanţa ist längst weg – genauso wie alle anderen Anschlüsse überall ins Land. Nach langem Hin und Her tauchen schließen einige Minibusse auf. Ich schiebe Elias in den Bus – „Plätze frei halten!“ – und quetsche unser Gepäck in den Kofferraum. Hinter uns sitzen zwei spanische Jugendliche. „Das ist es, was wir an Rumänien so lieben: Alles ist durcheinander, keiner weiß, wie es weitergeht“, erklären sie ihren rumänischen Mitfahrern fröhlich, und einen kurzen Moment frage ich mich, ob der Mob sie jetzt wohl einfach vor die Tür setzen wird. Immerhin haben alle im Bus mehr als dreißig Stunden Busfahrt auf dem Buckel. Elias schläft mittlerweile wie ein Stein und ist auch nicht mehr zu wecken. Besser so, denn nach einer halben Stunde kehrt der Bus noch einmal um: Passagiere aufnehmen, die in der Hektik vergessen worden waren. Als wir um sechs Uhr früh in Constanţa ankommen, sind vierzig Stunden vergangen.

Der Rückweg nach zwei Wochen Strandurlaub beginnt viel besser. Wir fühlen uns wie Veteranen. Wir wissen jetzt, wie es geht, welche Lebensmittel auch nach zwei Tagen Bus noch genießbar sind, wie man schläft, ohne dass die Beine abfaulen, und unser Gepäck besteht aus nur zwei schlanken Koffern. Die Reise ab Constanţa beginnt um ein Uhr nachts, doch sie ist ein Kinderspiel: Immerhin haben wir nun einen topmodernen Bus, der geradezu lautlos durch die Landschaft gleitet. Elias freut sich: Sogar das WLAN-Märchen wird für einen kurzen Moment wahr. Erst beim Umsteigen in Bukarest geht es wieder zur Sache. Aber richtig. Vor der Zentrale der Busfirma herrscht das völlige Chaos. Hunderte Menschen warten bereits in einer großen Traube auf ihre Busse. Wie der königliche Bote im Mittelalter tritt schließlich ein Angestellter mit einer langen Liste ins Halbdunkel hinaus. Von der Treppe herunter verkündet er eine verwirrende Abfolge von Zahlen, Buchstaben und Orten. Es dauert einige Zeit, dann dämmert es den Ersten: Kennzeichen, Destinationen! „G – L – 3 – 4 – H – A – S, Bratislava, Budapest, Wien, Mannheim", nuschelt er. Das ist unser Startschuss. Unter dem Donnern und Schleifen der Rollkoffer (und dem Fluchen derer, die keinen haben) hastet der Treck nach Norden, wir mittendrin. „Da hinten!", zwei Straßen weiter, stehen die Busse. Es ist ein heilloses Durcheinander: Wohin fährt dieser Bus? Ist es das richtige Kennzeichen? Hände greifen aus der Menge, Kinder werden mitgeschleift, immer wieder stolpere ich über Koffer. Alles Weitere kennen wir schon: Die Rückfahrt steht der Hinfahrt in nichts nach. Der Bus ist uralt, die Fahrer telefonieren, als gäbe es dafür einen Preis auszuloben, an der Grenze zu Ungarn heißt es satte sechs Stunden warten, und während der Polizeikontrolle in der Slowakei kann der Fahrer keinen Fahrtenschreiber vorweisen. Auch diesmal dauert die Fahrt etliche Stunden länger als geplant.

Zurück in Heilbronn ist klar: Nie wieder! Mit Schaudern denken wir daran, dass es Menschen gibt, die diese Fahrt von Bukarest nach Madrid machen: doppelt so lange! Einen Vorteil hat so ein Busabenteuer allerdings schon: Die Reise-Toleranzgrenze hat sich enorm verändert. Acht Stunden Flieger in der Economy? Elias und ich sind uns einig: Kein Problem, wenn man vierzig Stunden Bus erlebt hat.

Vorteile dieser Reiseform:

- Busfahren ist unschlagbar billig.
- Kinder schlafen im Bus oft erstaunlich gut.
- Wer Bus fährt, lernt das Land fast schon aus einer Wallraff-Perspektive kennen. Ob das mit Familie eine gute Idee ist, sei dahingestellt.

Nachteile dieser Reiseform:

- Es ist unglaublich unbequem. Menschen über 1,70 Meter Körpergröße tun sich schwer, überhaupt eine passable Sitzposition zu finden, vom Schlafen nicht zu reden.
- Die Reisezeit ist bestenfalls schätzbar.
- Kinder mit Bewegungsdrang sind im Bus fehl am Platz.

Erholung oder Abenteuer?

Eindeutig Abenteuer. Wer solche Strecken per Bus zurücklegt, sollte kein Faible für Luxus haben. Oder ganz arg die Zähne zusammenbeißen.

Das würden wir beim nächsten Mal anders machen:

Wir würden fliegen!

Spartipp:

Der Bus lässt sich preislich kaum noch unterbieten. Wer genügend Vorräte mitnimmt, braucht logischerweise unterwegs nicht an den teuren Tankstellen einzukaufen.

Fazit:

Es war einen Versuch wert und ein Abenteuer allemal. Ein zweites Mal werden wir aber sicher nicht mehr mit dem Fernbus reisen.

Günstig um den Globus: Fernreisen mit Kind

Text und Interview: Geraldine Friedrich

Frauke Manninga, 34, hat sich mit ihrem Reisebüro REISS AUS! family auf Flugreisen für Familien spezialisiert, die längere Zeit individuell verreisen wollen. Sie ist Mutter eines zweijährigen Sohnes, mit dem sie unter anderem schon Indonesien bereist hat.

Welche Regeln sollten Eltern beachten, die mit ihren Kindern günstig in die Ferne reisen möchten?

Frauke: Der teuerste Posten beinhaltet zunächst die Flüge. Erstens sollte man früh darüber nachdenken, wohin und wie lange man als Familie verreisen möchte, am besten ein Jahr im Voraus. Der frühestmögliche Zeitpunkt für die Flugbuchung ist bei den meisten Airlines elf Monate vor dem Rückflug. Eine Familie, die beispielsweise zwei Monate durch Südostasien reisen will, kann damit Hin- und Rückflug frühestens neun Monate vor dem Abflugdatum buchen. Je früher man bucht, desto günstiger wird es, da die preiswerten Flugkontingente zuerst erschöpft sind.

Zweitens sind die Flüge zu Ferienbeginn und -ende sowie kurz vor Weihnachten am teuersten. Wir hatten schon oft den Fall, dass ein Ticket bereits drei Tage nach Ferienbeginn nur noch die Hälfte kostete, also im konkreten Fall von Berlin nach Bangkok nur noch 600 Euro statt 1.200 Euro.

Und drittens lautet mein ganz persönlicher Tipp: Unterkünfte nicht zu Hause buchen, sondern vor Ort anschauen und direkt dort bleiben, wenn es gefällt. Viele nette Pensionen und Hostels haben keine Website und sind oft günstiger als diejenigen, die im Web präsent sind. Außerdem sehen Eltern vor Ort am besten, wie schön und familienkompatibel die Unterkunft tatsächlich ist.

Können Eltern mit schulpflichtigen Kindern eine längere Weltreise unternehmen?

Können sie, sie müssen allerdings ihre Kinder offiziell von der Schule beurlauben lassen. Das wird in deutschen Bundesländern sehr unterschiedlich gehandhabt. Die Faustregel lautet: Je weiter südlich man in Deutschland lebt, desto schwieriger wird es. Wir raten Eltern dazu, zunächst einmal den Klassenlehrer zu überzeugen und sich vor dem Gespräch genau zu überlegen, wie sie argumentieren wollen. Da spielt es natürlich eine große Rolle, wie das Kind in der Schule steht, aber auch, wie reiseaffin der Lehrer selbst ist.

Wie macht man das?

Das Argument „Wir Eltern wollen gerne eine Weltreise machen und die Kinder müssen halt mit“ ist unserer Erfahrung nach so ziemlich das schlechteste. Eltern sollten hervorheben, was ihre Kinder von der Reise haben, zum Beispiel, dass sie Englisch lernen (Sprache), neue Länder, Landschaften und Kulturen kennenlernen (Geographie) oder exotische Tiere und Pflanzen (Biologie) sehen. Eltern sollten sich auch überlegen, wie sie ihre Kinder gegebenenfalls unterwegs unterrichten. Akademiker- und insbesondere Lehrereltern haben übrigens die geringsten Schwierigkeiten, eine Schulbefreiung für ihre Kinder durchzusetzen.

Was kann denn schlimmstenfalls passieren?

Im blödesten Fall genehmigt die Schule die Befreiung nicht. Wer trotzdem mit schulpflichtigen Kindern in der Schulzeit reist, riskiert eine Geldbuße. Das gilt übrigens insbesondere für die Tage kurz vor und nach den Ferien. Viele Eltern wollen, um Geld zu sparen, bereits vor dem eigentlichen Ferientermin starten oder einige Tage nach Schulbeginn zurückfliegen. Gerade an diesen Tagen kontrolliert aber an einigen Flughäfen die Polizei, da sollten Eltern im Ernstfall eine schriftliche Genehmigung der Schulleitung parat haben. Mein Tipp: Es gibt Schulen, die sind toleranter als andere. Einige Eltern wählen sogar die Schule danach aus, also vorher einfach umhören.

Sie verkaufen auch das Round-the-World-Ticket.
Eignet sich das für Familien?

Das ist eine unserer Spezialitäten, wenn man so will, und lohnt sich ab sechs Monaten Reisezeit. Mein Bruder, mit dem ich das Reisebüro betreibe, ist vor acht Jahren mit so einem Ticket gereist und hat im Nachhinein festgestellt, dass er dafür viel zu viel Geld bezahlt hat. Das war die Initialzündung für die Gründung von REISS AUS!, denn wir wollen es besser machen. Mit einem Round-the-World-Ticket können Eltern für etwa 3.000 Euro pro Person (Kinder unter zwölf Jahren zahlen weniger) vergleichsweise flexibel mit sechs bis sieben Stopps durch die Welt reisen. Flexibel heißt: Wer weniger Wert auf Flexibilität legt, bekommt Kombitickets auch schon ab 2.000 Euro. Leider haben sich die flexiblen Tickets in den vergangenen zwei Jahren deutlich verteuert. In der Regel fliegt man gegen Osten, landet erst einmal in Dubai, fliegt weiter nach Südostasien – meist Singapur oder Bangkok –, dann weiter nach Australien, Neuseeland und über Nord- oder Südamerika wieder nach Europa. Möglich ist das Ganze auch über Südafrika anstelle von Asien. Tipp: Legt man sich vorab auf Nordamerika fest, ist das Ticket günstiger.

Was tut man, wenn man als Familie beispielsweise Anschlüsse verpasst oder das Gepäck verloren geht?

Egal ob Verspätung, verlorenes Gepäck, Anschluss verpasst und dadurch entstandene Mehrkosten: Ganz wichtig ist, dass sich Reisende möglichst viel vor Ort bestätigen lassen. Das ist leider häufig nicht so einfach, denn viele Airlines weigern sich, vor Ort oder im Nachhinein solche Bestätigungen auszustellen. Wir hatten schon oft den Fall, dass Reisende mehrere Monate auf so einen Wisch warten mussten, damit sie ihre Ansprüche überhaupt stellen konnten. Die Fluglinien machen es ihren Passagieren möglichst schwer, im Callcenter hat man meist nie denselben Ansprechpartner. Ich rate auch Familien dazu, ihre Ansprüche an Dienstleister wie EUClaim abzutreten, denn Eltern von kleinen Kindern haben meist keine Zeit, Nerven und Lust, sich mit Callcentern von Fluggesellschaften herumzuschlagen. Dann lieber einen Teil der Ansprüche abtreten und sich Ärger und Zeit ersparen.

Eltern, die mit ihren Kindern in die Ferne reisen wollen, gelten auch als egoistisch und werden beschimpft. Welche Erfahrungen machen Ihre Reisenden?

Das Bashing von fernreisenden Eltern hat in den vergangenen Jahren stark zugenommen. Eines der Standardargumente der Kritiker lautet, dass Eltern während der Elternzeit auf „Staatskosten" durch die Welt reisen. Dabei spielt es doch für den Staat und seine Mitbürger überhaupt keine Rolle, wo eine Familie die Elternzeit mit ihrem Kind verbringt und wo sie ihr Geld ausgibt. Teilweise sind die Lebenshaltungskosten in anderen Ländern ja deutlich niedriger.

Ein anderes beliebtes Argument ist, dass Eltern „total egoistisch" ihre Kinder in ferne Länder schleppen, wo gefährliche Krankheiten lauern. Das verunsichert natürlich auch. Wir hatten schon Eltern, die ihre Reisepläne nach zwei, drei doofen Sprüchen einfach niemandem mehr erzählt haben. Das ist auch mein Rat an weltreisende Eltern: Überlegt euch, wem ihr davon erzählt, und legt euch für eventuell doofe oder verletzende Kommentare passende Antworten parat. Allein schon ein Spruch wie „Da ist jetzt jemand aber ganz neidisch" bringt Kritiker zum Verstummen.

Ein weiteres Thema ist es, die eigenen Eltern von dem Vorhaben einer Weltreise zu überzeugen. Gerade wenn diese schon älter sind, fällt der Abschied schwer. Die eigenen Eltern vermissen ihre Kinder und Enkel und umgekehrt, das sollte man nicht unterschätzen.

Einige Familien finanzieren ihre Reisen über Sponsoren, die sie in ihren Blogs prominent erwähnen. Funktioniert das?

Es gibt Eltern, die das schaffen, häufig stammen diese aus der Berufsgruppe der Journalisten und Fotografen, aber nicht alle. Allerdings muss man auch wissen, dass so ein gut gepflegter Reiseblog unterwegs viel Zeit frisst. Zudem sollte man sich dessen bewusst sein, dass man als Familie in der Öffentlichkeit steht und garantiert irgendwelche Trolle gehässige Kommentare posten. Ich selbst fände es zudem problematisch, hunderte Fotos meines Kindes im Web zu posten. Das Netz vergisst nichts, und kein Mensch weiß, was andere mit den Strandfotos der eigenen Kinder anstellen.

Sie bieten Ihren Kunden eine Art Beratungsflatrate für 198 Euro an. Was hat es damit auf sich?

Wir sind ja ein Reisebüro, das sich unter anderem auf die Zielgruppe „fernreisende Familien" spezialisiert hat. Viele Eltern kommen dann aber auch mit Fragen auf uns zu wie: „Besser Buggy mitnehmen oder lieber Tragesystem einpacken?", „Welche Reisekrankenversicherung ist sinnvoll?" oder eben besagtes Thema „Schulbefreiung". Wir beantworten so etwas gern, aber das sind Fragen, die nichts mit unserer eigentlichen Dienstleistung, der Flugberatung, zu tun haben, für deren Beantwortung man aber schnell mal ein oder zwei Stunden braucht. Eltern, die selbst wenig Erfahrung als Rucksackreisende haben, sind dankbar für dieses Angebot. Wir stehen dann auch telefonisch mit Rat und Tat zur Seite, wenn es unterwegs Probleme gibt.

Und zum Schluss noch die Gretchenfrage:
Was ist billiger: im Internet buchen oder in einem Reisebüro?

Viele Round-the-World-Tarife und Kombitickets sind so im Internet überhaupt nicht buchbar. Internetbuchungsmaschinen sind für einfache Flugabfragen programmiert, komplexe Reiseverläufe kann man dort aber nicht zusammenstellen oder man erhält keine befriedigenden Ergebnisse, gerade auch, wenn es um kinderfreundliche Flugzeiten etc. geht. Je mehr Stopps Reisende planen, desto günstiger wird es sein, bei einem spezialisierten Reisebüro zu buchen. Aber auch bei einfacheren Routen lohnt sich der Vergleich. Beim Spezialisten zahlt man am Ende vielleicht nicht nur weniger, sondern hat auch für alle Flüge einen Ansprechpartner. Das zahlt sich vor allem bei Umbuchungswünschen während der Reise aus.

Vorteile dieser Reiseform:

- Reiseaffine Eltern finden exotische Kulturen spannender als Urlaub in der gewohnten Kultur Europas. Kinder kommen früh mit außereuropäischen Kulturen in Kontakt und werden so bereits jung zu Weltbürgern.
- Eine lange gemeinsame Reise bedeutet, dass man Tag und Nacht mit seinem Partner und seinen Kindern verbringt (umgekehrt: Wer das nicht will, sollte sich so einen Plan gut überlegen oder zwischendurch kurze Auszeiten für jedes Elternteil einplanen).
- Je nach Reiseplanung lassen sich winterliche Temperaturen gut vermeiden.
- Die Lebenshaltungskosten in vielen anderen Ländern sind gleich oder günstiger als in Europa, sodass man beispielsweise gut mit dem Elterngeld vor Ort auskommt. Die hohen Kosten für die Flüge amortisieren sich über die lange Dauer.

Nachteile dieser Reiseform:

- Familien sollten den Abschied von den Angehörigen, insbesondere den Eltern, nicht unterschätzen. Viele Großeltern vermissen ihre Enkel, und natürlich ihre Kinder – und umgekehrt.
- Es bedeutet eine lange Vorbereitungszeit mit vielen Details, insbesondere bei schulpflichtigen Kindern.

- Auch auf langen Reisen bleibt man von Alltagsarbeiten nicht verschont, Windeln müssen auch in Thailand gewechselt, das Fläschchen muss auch in Indien sterilisiert werden.
- Weltreisende Eltern müssen sehr flexibel sein und sich in einer neuen Umgebung, in einem neuen Land schnell zurechtfinden können. Das gilt natürlich auch für das Kind, insbesondere was Umgebung, Schlafplatz und Spielkameraden angeht. Kinder reagieren sehr unterschiedlich.
- Eltern mit nur einem Kind sind für dessen Unterhaltung auf Reisen rund um die Uhr zuständig.
- Wer als Familie Tag und Nacht zusammen ist, geht sich auch mal auf den Geist. Insbesondere Stresssituationen wie ein krankes Kind verlangen den Eltern Stressresistenz ab. In Reiseberichten wird das meist diplomatisch umschrieben mit der Formulierung: „Die Reise hat uns auch als Familie zusammengeschweißt."
- Man sollte zu Hause oder unterwegs auf kritische bis hämische Kommentare gefasst sein.

Erholung oder Abenteuer?

Meist beides. Es gibt Phasen, gerade in großen Städten mit vielen Sehenswürdigkeiten, die für Familien deutlich anstrengender sind als für Paare oder Alleinreisende. Und dann kommen wieder Phasen, in denen man eine Woche am Strand gemeinsam faulenzt und die Zeit als Familie genießt.

Allgemeine Infos:

www.weltreisemitkind.de

Tipp:

Bei Flugverspätungen oder -ausfällen lohnt es sich zu überprüfen, ob man Entschädigungsansprüche an die Fluggesellschaft hat. Unter Umständen bekommt eine Familie für das Ungemach einen großen Teil seiner Reisekosten erstattet. Der Anspruch auf Entschädigung und dessen Höhe ist abhängig von Flugstrecke und Flugziel.

- 250 Euro für Flüge bis einschließlich 1.500 km und eine Verspätung von mehr als 3 Stunden
- 400 Euro für Flüge innerhalb der EU über 1.500 km und eine Verspätung von mehr als 3 Stunden
- 400 Euro für Flüge über 1.500 km bis 3.500 km zu Zielen außerhalb der EU und eine Verspätung zwischen 3 und 4 Stunden
- bis zu 600 Euro für Flüge zu Zielen außerhalb der EU und eine Verspätung von mehr als 4 Stunden.

Wer sich nicht selbst mit den Fluggesellschaften herumschlagen will, kann seine Ansprüche an Inkassounternehmen, die auf Fluggastrechte spezialisiert sind, abtreten. Beispiel: Das in Deutschland von der ehemaligen Fernsehmoderatorin Eve Büchner („Blitz") gegründete Unternehmen Refund me mit Sitz in Potsdam übernimmt, wie andere Mitbewerber auch, die komplette Korrespondenz mit den Fluggesellschaften und behält dafür von der Ausgleichszahlung 15 Prozent zuzüglich 19 Prozent Umsatzsteuer als Provision, und zwar nur im Erfolgsfall. Das heißt konkret:

- Bei einer Entschädigung von 250 Euro erhalten Sie 205,38 Euro.
- Bei einer Entschädigung von 400 Euro erhalten Sie 328,60 Euro.

- Bei einer Entschädigung von 600 Euro erhalten Sie 492,90 Euro.

Bei einer fernreisenden Familie mit ein oder zwei Kindern können sich die Ansprüche also schnell auf knapp 1.500 oder nahezu 2.000 Euro summieren! Im vergangenen Jahr hatten deutsche Flugpassagiere laut Refund me insgesamt Anspruch auf mehr als 180 Millionen Euro – rein theoretisch. Eingefordert und geklagt wurde jedoch nur ein Bruchteil. Viele scheitern an der Hinhaltetaktik der Airlines und geben entnervt auf. Inkassofirmen wie Refund me nutzen dagegen ihr Know-how und ihre Marktmacht, um notfalls die Fluggesellschaften zu verklagen. Scheitert Refund me, entstehen auch für die Passagiere keine Kosten.

Wichtig: Bereits vor und während des Fluges Beweismaterial sammeln, beispielsweise die **Anzeigetafel fotografieren**, auf der die Verspätung angezeigt ist, am Schalter kurz vor Abflug die Verspätung vom Bodenpersonal bestätigen lassen und unbedingt den Boardingpass aufbewahren, denn dieser ist der einzige Beweis, dass Sie wirklich mitgeflogen sind. Kein Anspruch auf eine Entschädigung hat man, wenn ein Flug aufgrund höherer Gewalt verspätet ist oder ausfällt, also zum Beispiel im Falle eines Streiks. Details über mögliche Ansprüche finden sich hier: www.refund.me/de/help.

Borneo statt Bauernhof: Tipps für Fernreisen mit Kleinkind

von Françoise Hauser

Wer mit Kleinkind eine Fernreise plant, der wird nicht selten schräg angesehen – kaum ein touristisches Unterfangen polarisiert wie dieses. Mit ein bisschen Vorbereitung und der richtigen Planung spricht jedoch wenig dagegen, die Freiheit der frühen Jahre zu nutzen, bevor die Schulferien die gesamte Familie auf lange Zeit zur teuren Hochsaison verdammen.

Reisezielsuche und Reiseplanung

- Ist das Reiseziel relativ direkt zu erreichen, oder muss man zweimal umsteigen, lange **Zwischenaufenthalte** überbrücken und dann noch zehn Stunden mit dem Bus fahren? Wartezeiten können an den Nerven der Eltern zehren, vor allem wenn man an einer zugigen Busstation ein übermüdetes Kleinkind bei Laune halten muss. Anders formuliert: Beim Reisen mit Kind spricht viel für einen Direktflug.
- Wie steht es um die **medizinische Versorgung** am Reiseziel? Gibt es Krankenhäuser auf westlichem Niveau und vielleicht sogar Ärzte, die Englisch sprechen? In Malaysia dürfte dies kein Problem darstellen, in Birma dagegen sind selbst Antibiotika und Schmerzmittel Mangelware.
- Ist das **Leitungswasser** trinkbar oder wenigstens zum Zähneputzen geeignet? Kleinkindern ist nur schwer vermittelbar, dass man selbst beim Duschen nicht die Zunge herausstrecken darf.
- Ab wann gelten **Kinder**- und ab wann **Erwachsenen-**

preise für die lokalen Attraktionen und Verkehrsmittel? In Singapur beispielsweise müssen oft schon Kinder ab drei Jahren Eintritt bezahlen und die Ermäßigungen sind oft erheblich geringer als in Europa. Bei kulturbeflissenen Familien machen sich die Unterschiede schnell bemerkbar.

- Wie groß ist der Risikofaktor **„Straßenverkehr"**? Nicht immer lassen sich alle Strecken per Bus, Zug oder U-Bahn bewältigen, die Alternative **„Taxi"** verliert jedoch an Attraktivität, wenn man bei jeder Fahrt um das Leben der Kinder fürchten muss. Eine Sitzerhöhung, die sich bequem an den Rucksack binden lässt, schafft zwar Sicherheit für den Nachwuchs, aber eben nur, wenn das Taxi mit Gurten ausgestattet ist. In Japan ist dies selbstverständlich, in China und Nigeria beispielsweise nicht. Wer im Internet unter „Straßenverkehr" plus Ländername sucht, findet schnell heraus, wie es um die Niki-Lauda-Ader der lokalen Autofahrer und die allgemeinen Sicherheitsstandards bestellt ist.
- Ebenfalls interessant ist es, per **Google Streetview** einen kleinen Spaziergang durch das Reiseziel zu unternehmen. Nicht überall auf der Welt gibt es breite Bürgersteige, die nötig wären, um mit einem Buggy passabel vorwärts zu kommen. Der jedoch empfiehlt sich bei Kleinkindern unbedingt, denn wo sonst ließe sich unterwegs schnell ein Mittagsschläfchen einschieben?
- Muss es wirklich das **billigste Hotel** sein? In Malaysia beispielsweise sind Luxus-Hotels so günstig wie nirgendwo in der Welt. Selbst eingefleischte Backpacker geraten hier in Versuchung, klammheimlich im 5-Sterne-Hotel abzusteigen. Für Camping und Trekking mit Kleinkind braucht man eher harte Nerven – eine Reise mit fester Basis ist für die erste Fernreise empfehlenswerter. Im

Hotel lässt sich ein erholsames und vor allem ungestörtes Mittagsschläfchen eben besser arrangieren, damit der Nachwuchs mit neuer Kraft in den Nachmittag startet. Verfügt das Hotel über einen Pool, lässt sich problemlos ein **kulturfreier Tag** einlegen.

- Bei Destinationen mit großer Zeitverschiebung sollte man den Flug, wenn möglich, immer so planen, dass man morgens ankommt. Wer dann den Tag über durchhält – knatschige Kinder inklusive –, ist innerhalb kürzester Zeit im lokalen Rhythmus und muss den **Jetlag** nicht fürchten.
- **Rechtzeitig impfen**. Fernreisen sind nicht der richtige Anlass, Sinn und Zweck von Impfungen in Frage zu stellen. Oder anders herum: Wer sich mit Impfungen nicht anfreunden kann, sollte seine Reisepläne gründlich überdenken und entsprechend anpassen (siehe Kapitel „Impfen und Reiseapotheke" auf Seite 190). Je nachdem, welche Impfungen anstehen, lohnt sich auch ein Leistungsvergleich der Krankenkassen. So wird beispielsweise die **Tollwut-Impfung**, die für einige Ziele in der Dritten Welt durchaus überlegenswert ist, derzeit nur von wenigen Krankenkassen übernommen – bei einem Aufwand von rund 400 Euro pro Person ist das ein echter Kostenfaktor (eine Übersicht, welche Krankenkasse welche Impfungen übernimmt, finden Sie unter www.fit-for-travel.de, siehe auch Spartipp auf Seite 197!) Hin und wieder ist es gar nicht so einfach, aktuelle und relevante Informationen zu bekommen. Die in allen Apotheken und Arztpraxen ausliegenden medizinischen Ratgeber sind zwar im Grunde korrekt, mitunter jedoch viel zu allgemein. So ist beispielsweise der Eintrag der malaysischen Provinz Sabah als Malariagebiet mit mittlerem Risiko durchaus richtig, er weist aber nicht darauf hin, wo genau diese Fälle auftreten. Gut mög-

lich, dass ein Aufenthalt an der Küste nahezu risikofrei ist, im Dschungel, hundert Kilometer weiter, eine Prophylaxe jedoch unerlässlich ist. Wer es genau wissen will, der sollte daher gut nachforschen: Ganz genau und medizinisch verlässlich wissen die regionalen Ableger der Weltgesundheitsorganisation World Health Organization (WHO) Bescheid, die man über die Hauptseite www.who.int erreicht.

- Kinder bis zu einem Jahr sind keine geeigneten Begleiter, es sei denn, die Reise findet auf Luxus-Niveau statt oder führt in Länder mit gehobenem Hygienestandard und bester medizinischer Versorgung wie die USA, Kanada, Japan oder Singapur. Vor allem der klassische Reisedurchfall kann bei Säuglingen schnell lebensbedrohlich werden, zudem sind sie noch nicht vollständig gegen die üblichen Kinderkrankheiten geimpft. Auch Malaria-Gebiete, die eine Prophylaxe erfordern, sind nicht zu empfehlen.
- Ist die Einreise mit nur einem Elternteil erlaubt? In einigen Ländern wie z. B. Kanada brauchen allein reisende Elternteile eine schriftliche Einverständniserklärung (englisch: consent letter) des anderen Elternteils.

Mein persönlicher Tipp: Asien mit Kleinkind

Welches Fernreiseziel sich letztlich als Familienziel eignet, ist eine echte Glaubensfrage. Persönlich habe ich mich in den wohlhabenden Ländern Asiens immer besonders gut aufgehoben gefühlt. Japan, Taiwan, Singapur, Hongkong, Brunei, Korea und Malaysia haben nicht nur beruhigend niedrige Kriminalitätsraten, sie sind auch sauber, kinderfreundlich und verfügen über eine gute medizinische Versorgung. Erst-Fahrer können hier bequem ausprobieren, ob sie sich Reisen mit Kind im Auto in fernen Ländern zutrauen.

Das Abenteuer muss dabei keinesfalls zu kurz kommen: In Malaysia ist der Dschungel nie weit, und auch in Taiwan oder Japan gibt es atemberaubend schöne und menschenleere Ecken.

Reisen per Flugzeug

- Kleinteilige Belohnungen einplanen. Es ist wenig sinnvoll, gleich zu Beginn der Reise eine große Tüte Süßigkeiten oder Spielsachen auszupacken. Besser man teilt die „Attraktionen" auf und kann so alle zwei Stunden nachlegen. Es sollten auch Kaugummis dabei sein, die, beim Start und bei der Landung gekaut, für einen Druckausgleich in den Ohren sorgen.
- Beschäftigungen einplanen, die es im Alltag nicht so oft gibt. Eltern, die ihre Kinder nur selten oder gar nicht vor den Fernseher setzen und keine Computerspiele besitzen, sind nun eindeutig im Vorteil, denn allein durch das Inflight-Entertainment lassen sich Kinder über Stunden ruhig stellen. Pädagogisch wertvoll ist das zwar nicht, aber wirksam. Allen anderen wird empfohlen, ein neues Spiel mitzunehmen oder noch nicht bekannte Filme auf das Smartphone zu laden, mit denen sie für einige Stunden beschäftigt sind.
- Ausreichend Bastelkram mitnehmen: Pfeifenreiniger, Klebeband, buntes Papier und weiche Stifte (Wachsmalkreide oder dicke Filzstifte), mit denen man sich nicht gleich beim ersten Luftloch die Augen aussticht, gehören in die Reise-Mappe. Wichtig ist: Genau diese Dinge sollte man in den Tagen vor dem Flug zu Hause nicht (mehr) anbieten, damit sie während des Fluges auf alle Fälle interessant sind. Kinder ab fünf Jahren lassen sich auch gut mit leichten Origami-Faltarbeiten beschäftigen. Und wie wäre es mit der Erstellung eines Reisetagebuches, in das man während der Reise Tickets

und andere Erinnerungen einklebt und sich somit auch hier und da ruhige fünf Minuten erschleicht? Das Gratis-Spielzeug der Fluggesellschaften scheint hingegen oft von kinderlosen Menschen entworfen: Spitze, harte Stifte und viel zu kleine Malblöcke verschwinden schnell wieder in der Sitztasche.

- Für Schlafgelegenheiten sorgen! Bei Nachtflügen lohnt es sich, beim Check-in explizit nach leeren Sitzen zu fragen. Hat man bei der Buchung des Fluges noch die Möglichkeit der Platzwahl, ist es sinnvoll, die beiden Gangplätze des mittleren Dreier- oder Vierer-Blocks zu buchen und die beiden leeren Plätze dazwischen zu nutzen – in der Regel wird dort kein weiterer Gast platziert, solange noch Alternativen bestehen. Mit einer Decke, die zwischen vorderer und hinterer Sitzreihe gespannt wird, lässt sich der Schlafplatz abdunkeln. Achtung! In der ersten Reihe lassen sich die Armlehnen meist nicht hochklappen, sodass die leeren Plätze wenig nützen. Auch Kinder unter zwei Jahren, die nicht mehr in die „Baby-Cots" der Fluggesellschaft passen, aber noch zum günstigen 10-Prozent-Tarif fliegen dürfen, sind übrigens auf einem eigenen Sitz besser und sicherer untergebracht als auf dem Schoß der Eltern.
- Auch Kinder, die bereits tagsüber trocken sind, mit einer Windel abdichten. Der überaus dringende Gang zur Toilette steht natürlich immer dann an, wenn gerade der Duty-free-Wagen den Gang versperrt, Turbulenzen das Flugzeug schütteln oder bereits acht Passagiere vor der Toilette warten.
- Kinder „etikettieren": Im Gewusel von Flughäfen und Bahnhöfen gehen Kinder schnell verloren. Für den Notfall empfiehlt es sich, dem Nachwuchs die eigene Mobil-Telefonnummer samt internationaler Vorwahl mit

Kugelschreiber auf den Arm zu schreiben. Im Fall der Fälle kann sich der Finder bei den Eltern schnell per Telefon melden.

Platz für Notizen

Ferienwohnung mit Familienanschluss: Mit Baby in Oman

Text und Interview: Geraldine Friedrich

Urlaubsform:

Zwei individuell organisierte Familienurlaube in Oman. Beim ersten eine Woche per Mietwagen mit Stationen in Dubai, Khasab, Ibri, Jabrin, Nizwa sowie zwei Wochen Ferienwohnung in Al Ghubrah, nicht weit entfernt vom Flughafen der omanischen Hauptstadt Maskat. Beim zweiten eine Woche Ferien in derselben Wohnung als Stopover auf dem Weg nach Thailand, um Flugzeit sowie Zeitverschiebung zu halbieren.

Beteiligte: Ulrike (38 bzw. 40), Udo (45 bzw. 47), Johann (13 Monate bzw. 2,5 Jahre) und bei der zweiten Oman-Reise auch Lisbeth (13 Monate)

Dauer: erste Reise 21 Tage im März 2011, zweite Reise 7 Tage im Juni 2013, davon eine Woche in Maskat (Oman), danach Weiterflug für 21 Tage nach Thailand

Reisedistanz: 6 Flugstunden nach Dubai bzw. 7 Flugstunden nach Maskat, bei der ersten Reise insgesamt rund 1.000 Kilometer mit dem Mietwagen, die längste Tagesetappe von Khasab nach Ibri betrug etwa 460 Kilometer

Reiseverkehrsmittel: jeweils Zug zum Flughafen, bei der ersten Oman-Reise Gabelflug Frankfurt – Dubai – Maskat – Frankfurt, Mietwagen ab Dubai, Abgabe des Wagens in Maskat. Bei der zweiten Reise Flug ab Frankfurt mit Stopover in Maskat, weitere Flüge nach Bangkok – Ko Samui – Bangkok – Maskat – Frankfurt

Kostenfaktor: Bei der ersten, dreiwöchigen Reise fielen für 3 Personen rund 4.600 Euro inklusive allem an (also Flüge, Unterkunft, Essen, Einkaufen, Benzin, Eintrittsgelder, Ausflüge und Tauchkurs sowie Tauchgänge). Je länger die Reise, desto mehr amortisieren sich die Anreisekosten. Beim Stopover in Maskat fielen keine zusätzlichen Reisekosten an, lediglich die Miete für Ferienwohnung und Auto und die Lebenshaltungskosten.

Vorbereitungszeit: Vor der ersten Reise haben wir Flüge, Mietwagen, Ferienwohnung, Apartment sowie das Hotelzimmer in Dubai einen Monat vorher gebucht, beim zweiten Mal ebenfalls sehr kurzfristig.

Impfungen: Es sind keine speziellen Impfungen notwendig.

Wie sind Sie ausgerechnet auf Oman gekommen?

Ulrike: Mein Mann hat das Land bereits 1997 bereist und war von Landschaft, Kultur und den Menschen sehr begeistert. Damals war Oman touristisch kaum erschlossen. Im Vergleich zu anderen arabischen Ländern wie beispielsweise Jemen ist der Oman ein sicheres Reiseland mit guter Infrastruktur und einem hohen medizinischen Standard. Und für mich ganz wichtig: Europäische Frauen können sich in Oman fast wie gewohnt bewegen und kleiden, ein Kopftuch oder lange Ärmel sind – außer in der Moschee – nicht notwendig.

Wie war die erste Omanreise mit Ihrem Sohn?

Es war unsere erste Fernreise mit Kind, Johann konnte noch nicht laufen. Wir flogen nach Dubai, übernachteten dort und fuhren am nächsten Tag nach einer schnellen Tour durch Dubais Häuserfluchten gleich mit dem Mietwagen weiter nach Khasab auf die Halbinsel Musandam. Musandam ist eine omanische Exklave und ein ehemaliges militärisches Sperrgebiet, das Touristen erst seit den 1990er Jahren bereisen dürfen. Dort blieben wir vier Tage in einem Apartment, was im Nachhinein betrachtet einen Tag zu lang war. Musandam und deren größte Stadt Khasab sind doch recht überschaubar.

Was hat Ihnen gut gefallen, was nicht?

Am schönsten war die Fahrt mit einer Dhau im Khor Shimm: Unser Sohn hat an Bord eine gute Stunde geschlafen und wir konnten in Ruhe die Delfine bewundern, die parallel zum Boot schwammen, und abwechselnd schnorcheln gehen. Wir genossen die

Beschaulichkeit Khasabs sowie den traditionellen Alten Souq, der vorwiegend Produkte für iranische „Händler" (Schmuggler) anbietet. Toll fand ich auch die unberührte karge Felslandschaft und die Aussicht auf den Khor Najd von einem 400 Meter hohen Berg etwas östlich von Khasab. Aufgrund der zerklüfteten Felslandschaft mit bis zu 1.000 Meter hohen Steilküsten wird Musandam ja auch als Norwegen der arabischen Halbinsel bezeichnet. Nicht so glücklich waren wir mit unserem Apartment im Hotel Esra für rund 100 Euro die Nacht: Die Möblierung war lieblos, der Aufenthaltsraum ohne Fenster, die Küche schlecht ausgestattet und kaum zu gebrauchen. In Khasab gibt es aber nur sehr wenig Auswahl bei den Unterkünften. Da würden wir das nächste Mal vielleicht doch lieber in ein nettes Hotel gehen, welches nur unwesentlich mehr kostet. Immerhin hatten wir einen Pool und das Personal war sehr freundlich.

Und die restlichen Unterkünfte: vorgebucht oder spontan vor Ort gesucht?

Die weiteren Hotels haben wir uns spontan aus unserem Reiseführer ausgesucht, da wir noch nicht wussten, wann wir wo sein würden. Die Ferienwohnung in Maskat hatten wir allerdings schon in Deutschland per Internet gebucht.

Sie sind dann durch das Landesinnere weitergefahren, anstatt die Küstenautobahn zu nehmen. Warum?

Wir sind im März 2011 inmitten der arabischen Revolution gereist, und es gab tatsächlich auch einige kleinere Demonstrationen in der Küstenstadt Sohar, die auf der

Route nach Maskat gelegen hätte. Diese entpuppten sich im Nachhinein als harmlos, aber das konnten wir damals nicht wissen. Auch war der Grenzübergang bei Dibba entlang der Küste für Ausländer gesperrt, und so mussten wir die Route zurück über Ras al-Khaimah nehmen. Durch die Hinterland-Route haben wir aber auch sehr schöne Orte wie den wunderbaren historischen Palast von Jabrin, den 3.000 Meter hohen Jebel Shams im Hajar-Gebirge mit seinem Grand Canyon und die Oasenstadt Nizwa besucht. Gerade Nizwa ist mit seiner großen Festung und seinem Souq ein Muss.

Eine europäische Familie mit einem Kind bzw. zwei kleinen Kindern in Oman – wie haben die Einheimischen auf Sie reagiert?

Sehr positiv, Omani sind ausgesprochen kinderlieb. Einmal war mein Mann mit unserem Sohn in einer Bäckerei. Die dortige Verkäuferin fragte, ob sie Johann mal auf den Arm nehmen dürfe, und verschwand mit ihm in der Backstube, um ihn dort allen zu zeigen. Ich selbst kam mit einheimischen Frauen ins Gespräch, wenn ich allein mit meinen Kindern unterwegs war, beispielsweise im Supermarkt oder am Strand. Es waren eher deutsche Touristen, die ihr Erstaunen darüber äußerten, dass wir mit kleinen Kindern durch Oman reisten.

Zwei Wochen in Al Ghubrah – was haben Sie dort unternommen?

Wir waren tauchen, ich selbst habe dort erst tauchen gelernt. Ich habe den auf drei bis vier Tage angelegten Kurs auf eine Woche halbtags ausgedehnt, sodass den anderen halben Tag mein Mann tauchen konnte.

Al Ghubrah an sich ist ein besseres Wohnviertel in der Hauptstadtregion ohne Sehenswürdigkeiten. Aber gerade das hat uns gefallen: Wir haben dort ganz normal als Familie gelebt, im Lulu-Supermarkt eingekauft und dank unseres sehr netten Vermieters viel vom normalen Leben einer omanischen Familie mitbekommen. Das fanden wir spannend.

Wie unterschied sich denn die zweite Oman-Reise mit zwei kleinen Kindern von der ersten?

Eigentlich kaum, meine Tochter war genauso alt wie mein Sohn bei der ersten Reise und ist eher unkomplizierter. Schön war, dass die zwei sich miteinander beschäftigt haben. Reisetechnisch haben wir beim zweiten Mal die Woche Oman ja nur in Maskat verbracht; es war einfach schön, Plätze und Menschen, die wir kannten, wiederzusehen. Sinn und Zweck des Stopover war es ja auch, die doch lange Flugzeit nach Thailand und die Zeitverschiebung zu halbieren.

Vorteile dieser Reiseform:

- Eine Woche Rundreise zu Beginn kombiniert mit zwei Wochen Ferienwohnung an einem Ort bieten Abenteuer und Ruhe zugleich. Das Tauchen befriedigte unser Bedürfnis nach Aktivität und neuen Erfahrungen, gleichzeitig konnte sich unser Sohn in vierzehn Tagen an die Umgebung gewöhnen.
- Sie ist günstig: Die Kosten für eine Ferienwohnung fallen für drei bis vier Personen in der Regel niedriger aus als in einem Hotel. Man hat mehr Platz, kann sich und das Kind selbst versorgen.
- Aufgrund der Lage in einem ganz normalen Wohn-

viertel bekamen wir viel vom normalen Leben der Omanis mit. Wir fühlten uns weniger als Touristen.

Nachteile dieser Reiseform:

- Hausarbeit wie Kochen, Abwaschen und Aufräumen bleiben in einer Ferienwohnung erhalten.
- Wer individuell quer durchs Land mit Kindern reist, muss mehr Recherche investieren, um passende Hotels oder Ferienwohnungen zu finden. Unsere Erfahrung ist, dass wir uns mit kleinen Kindern mehr in der Unterkunft aufhalten als früher ohne Kinder, daher ist ein gewisser Wohlfühlfaktor wichtig. Ein Hotelzimmer oder eine Wohnung mit nur einem Zimmer ist ungünstig, man braucht mindestens zwei getrennte Räume, damit das Kind in Ruhe mittags schlafen kann und sich die Eltern nicht nur auf Zehenspitzen bewegen müssen.

Erholung oder Abenteuer?

Es war für uns als frisch gebackene Eltern die richtige Mischung von beidem. Einen reinen Entspannungsurlaub wollten wir nicht. Eltern verschaffen sich Freiräume, wenn sie sich bei der Kinderbetreuung abwechseln.

Das würden wir beim nächsten Mal anders machen:

Gerade mit einem einjährigen Kind würden wir nicht mehr so oft und schnell die Orte wechseln wie zeitweise bei unserer ersten Oman-Reise, in Kombination mit viel Sightseeing hat das unseren Sohn gestresst. Und wir würden einen Zwischenstopp in dem hübschen Städtchen Al-Ain im Emirat Abu Dhabi einlegen – wir durchquerten das Emirat mit einem Transitvisum und dachten, wir müssten es am selben Tag wieder verlassen. Dem war aber nicht so.

Der ultimative Reisetipp:

- Unsere sechzig Quadratmeter große, gemütliche Ferienwohnung mit zweieinhalb Zimmern und Dachterrasse mit Blick auf die Dächer und Berge von Maskat und die große Sultan-Qaboos-Moschee: Wir hatten mit Khalid einen unheimlich netten und kinderfreundlichen Vermieter, der uns zudem Land und Leute näher brachte. Uns hat das Naturkundemuseum in Maskat gut gefallen mit der Wal-Halle, in der das Skelett eines Pottwals aufgebaut ist, das den gesamten Raum einnimmt. Der Strand bei Qantab, an dem auch unsere Tauchschule Oman Dive Center angesiedelt war, eignet sich selbst für Kleinkinder, er liegt allerdings dreißig Autominuten von unserer Ferienwohnung entfernt. Der Strand von Qurum ist ebenfalls schön, flach abfallend und liegt mit zehn Minuten Fahrt näher.

Spartipps:

Omans Hauptstadtregion um Maskat lässt sich als Stopover, beispielsweise nach Thailand (mit Thai Air) oder Nepal (mit Oman Air), ohne Mehrkosten bei der Anreise einbauen. Der Mietwagen kostet deutlich weniger, wenn man nicht wie wir bei unserer ersten Reise verschiedene Länder als Abhol- und Endpunkt wählt, da die Rücküberführung über Staatsgrenzen hinweg die Miete erheblich verteuert. Es fallen zudem weniger Visagebühren (pro Person etwa 12 Euro) an. Musandam lässt sich von Maskat aus mit Oman Air bequem mit dem Flugzeug erreichen (ein Hin- und ein Rückflug täglich). Essen gehen in den Einheimischen-Restaurants abseits der großen Hotelketten ist extrem günstig, weniger als halb so teuer wie in Deutschland.

Währung:
1 Oman Rial (RO) = ca. 2,20 Euro (Stand 9.1.2015)

Allgemeine Infos:
www.omantourism.de

Fazit:

Sehr gern wieder, jedoch besser zwischen November und März, wenn es nicht brütend heiß ist. Dann möchten wir die Weihrauchstraße um Salalah erkunden.

Freiwilligenarbeit mit Familie: Leben und Arbeiten in einem nordindischen Dorf

Text und Interview: Geraldine Friedrich

Urlaubsform:
Freiwilligenarbeit in einem indischen Hilfsprojekt bei Varanasi

Beteiligte: Rémy (45), Claudia (42), Samuel (12), Louis (8) und Alice (6)

Dauer: 10 Monate, davon 6 Monate Freiwilligenarbeit, 5 Wochen unfreiwillig in Nepal und 3 Monate auf Achse

Reisedistanz: rund 8.000 Kilometer und 14 Flugstunden

Reiseverkehrsmittel: Flugzeug, Zug, Bus

Kostenfaktor: Für eine bescheidene Lebenshaltung vor Ort braucht eine Familie mit 3 Kindern in Indien etwa 3.000 Rupien pro Monat, also etwa 40 Euro. Kost und Logis waren frei. Wir bekamen vor Ort ein monatliches Taschengeld von 1.500 Rupien (= etwa 20 Euro).

(Kostenfaktor:) Die An- und Rückreise für 5 Personen kostet, je nach Flugpreis, insgesamt 5.000 bis 6.000 Euro. Dazu kommen fixe Kosten wie Kranken- und Sachversicherungen sowie Miete, die zu Hause weiterlaufen.

Vorbereitungszeit: Nach der Zusage der Projektleiterin hatten wir etwa noch 6 Monate Zeit, um unser Haus aufzuräumen, es zu vermieten, die Schulen der Kinder zu informieren und die entsprechenden Abmachungen zu treffen.

Wie kamen Sie auf die Idee, mit Ihrer Familie nach Indien zu gehen?

Rémy: Meine Frau hatte seit Jahren die Idee, dass wir mit unseren drei Kindern längere Zeit ins Ausland gehen. Dabei wollten wir nicht nur als Touristen reisen, sondern möglichst vor Ort etwas Sinnvolles tun. Zufällig lernte meine Frau auf einer Frauenreise durch die Wüste Marokkos eine Frau kennen, deren Freundin wiederum in Indien ein Dorfprojekt namens KIRAN für behinderte Kinder und Jugendliche leitet. So entstand der Kontakt und wir bewarben uns als Familie für das Dorfprojekt.

Was ist KIRAN?

Das religiös und politisch unabhängige KIRAN-Village ist eine Nichtregierungsorganisation und wird finanziell und organisatorisch hauptsächlich von der Schweiz aus unterstützt. Täglich kommen über 200 behinderte und nicht behinderte Kinder und Jugendliche mit Bussen aus der Umgebung in das Dorf; sie besuchen die Schule, Therapien oder absolvieren eine berufliche Ausbildung. Für etwa 60 Kinder, die nicht täglich heimkehren können, gibt es einen Hostelbetrieb.

Wie einfach war es, dort einen Platz mit Familie zu finden?

Wir wussten zunächst nicht, welche Freiwilligenprojekte sich für Familien eignen und wie wir bei der Suche vorgehen sollten. Letztendlich half uns der Zufall. Die Projektleiterin von KIRAN, eine Schweizerin, hatte uns zunächst mitgeteilt, dass das indische Team im KIRAN-Dorf große Bedenken habe. Zum einen sollten unsere minderjährigen Kinder dort ja auch die Schule besuchen können. Natürlich sind die Schulen vor Ort überhaupt nicht vergleichbar mit dem Schweizer Schulsystem. Zum anderen hatte sie Angst, dass man in Indien unseren westlichen Ansprüchen nicht gerecht würde.

Wie konnten Sie diese Bedenken zerstreuen?

Wir bewarben uns formal mit Lebensläufen und Motivationsschreiben und trafen die Projektleiterin Sangeeta Judith Keller in der Schweiz. Wir berichteten ihr, dass wir als Familie bereits drei Wochen in Burkina Faso unterwegs waren. Da kam dann von ihr: „Also, wenn ihr schon in Burkina Faso wart, dann ist Indien für euch kein Problem."

Wie haben Ihre Arbeitgeber in der Schweiz reagiert?

Ich bin Lehrer für die Sekundarstufe und habe den Auslandseinsatz so geplant, dass er zeitgleich mit einem Stellenwechsel stattfand. Meine Frau gab zu dem Zeitpunkt selbstständig erwerbend Kurse für Selbstverteidigung, die hat sie dann eingestellt.

Wie einfach war es, die Kinder von der Schule befreien zu lassen?

Da wir beide als Lehrkräfte tätig waren, war das kein Problem. Die Lehrpersonen wie auch die Schulleitungen fanden es ganz toll und wir bekamen von überall Unterstützung. Falls es wider Erwarten seitens der Schule Probleme gegeben hätte, hätten wir uns bei unserer Wohngemeinde einfach abgemeldet (als ins Ausland weggezogen) und hätten uns dann nach unserer Rückkehr wieder angemeldet. Wenn jemand aber nicht im Lehrerberuf tätig ist, dann ist es sicher nicht so leicht.

Wie war das Leben in Nordindien?

Wir Erwachsenen wussten ungefähr, worauf wir uns einlassen. Unsere drei Kinder haben sich dagegen im Vorfeld nicht so viele Gedanken gemacht. Die ersten Wochen waren hart für sie: zweimal am Tag Reis mit Dal, dem traditionellen indischen Linsengericht, und Sabji (Gemüse), sonst nichts. Unser ältester Sohn Samuel wurde gleich zu Beginn krank. Wir haben dann irgendwann beschlossen, an einem Tag in der Woche für uns selbst zu kochen. Wir alle hatten Schwierigkeiten, uns an die Hitze zu gewöhnen. Positiv überrascht hat uns die Wohnsituation: Zunächst war uns für die gesamte Familie nur ein eigenes Zimmer zugesagt worden, aber wir bekamen eine richtige kleine Wohnung, was uns riesig gefreut hat. Wir wohnten nur 200 Meter entfernt vom Ganges und unser Dorf war ein grünes Paradies inmitten der doch eher kargen Umgebung.

Wie lief die Eingewöhnung in der indischen Schule?

Das war natürlich ein Sprung ins kalte Wasser, denn unsere Kinder konnten weder Englisch noch Hindi. Samuel kam in die fünfte Klasse. Louis in den Upper-Kindergarden und Alice in den Lower-Kindergarden. Gerade für Louis, der während dieser Zeit in der Schweiz die dritte Klasse besucht hätte, klang das Wort „Kindergarden" natürlich nicht so toll. Aber schon bald wechselte er in die erste und kurz darauf sogar in die zweite Klasse, wo dann auch das Schulmobiliar mehr seiner Größe entsprach. Parallel dazu vermittelten wir unseren Kindern schweizerischen Schulstoff. Das indische Schulsystem unterscheidet sich stark vom schweizerischen und vermutlich auch vom deutschen. In Indien wird immer noch viel auswendig gelernt, die meiste Zeit unterrichten die Lehrpersonen frontal.

Toll fanden unsere Kinder die Schuluniformen. Damit unterschieden sie sich – abgesehen von ihrer Hautfarbe – nicht mehr von den anderen Kindern. Durch die vielen Kontakte zu Mitschülern und Angestellten lernten sie sehr schnell. Die Startschwierigkeiten waren bald vergessen, und nach etwa zwei Monaten war ihr Hindi dem unseren weit voraus und sie verständigten sich locker auf Englisch.

Was haben Sie dort gearbeitet?

Meine Frau und ich waren zunächst ein wenig Mädchen für alles. Wir haben uns dort eingebracht, wo unsere Fähigkeiten am meisten nützlich waren. Wir wechselten uns ab mit der Vormittagsbetreuung eines schwerstbehinderten Jugendlichen, der in dem Dorf lebte. Während der heißen Zeit hat meine Frau im vorhandenen kleinen Bassin den Schulkindern Schwimmunterricht gegeben. Das war wegen der mangelnden Sprachkenntnisse und der Wildheit der Kinder ein ziemliches Chaos. Die Kinder hatten aber riesigen Spaß im Wasser und sogar die eine oder andere Lehrerin wagte sich ins Nass – natürlich in voller Montur im Sari. Als die Temperaturen dann sanken, führte sie die Schulkinder auf dem Therapiepferd spazieren.

Ich selbst habe mit der dortigen Schreinerwerkstatt eine solarbetriebene Dörranlage aufgebaut, mit der die Dorfbewohner Früchte und Gemüse wie Bananen oder Mangos trocknen können. Die funktioniert heute noch. Da das Haltbarmachen von Lebensmitteln in solch tropischen Regionen ein wichtiges Thema ist, habe ich zudem die neue Abteilung „Food Preservation" mit aufgebaut. Sinn und Zweck dieses Projekts ist es, das bestehende Angebot der Lehrlingsausbildung in dem Dorf zu erweitern. Insbesondere junge Menschen mit nur leichter geistiger Behinderung sollen so eine berufliche Perspektive erhalten. Zudem sollen die im Dorf wachsenden Früchte und das Gemüse sinnvoll verarbeitet und verkauft werden. Als Nebeneffekt hofft man, dass die Lokalbevölkerung durch die neuen Produkte ihre einseitigen Ernährungsgewohnheiten etwas erweitert. Nebst einigen Computerarbeiten habe ich auch noch das „Projekt Tischtennistisch" betreut. Es dauerte zwar ein paar Monate, aber schlussendlich hatten wir dann beim Boyshostel tatsächlich einen selbst gebauten Tisch aus Beton stehen. An den Wochenenden haben wir mit den Hostelkindern gespielt oder Ausflüge unternommen. An den schulfreien Wochenenden ging es darum, die Hostelkinder möglichst sinnvoll zu beschäftigen. Wir haben auch darauf geachtet, dass die Kinder aus dem Dorf mal rauskommen. Meist war wegen der Gehbehinderungen nicht viel mehr als ein kleiner Spaziergang an den nahe gelegenen Ganges möglich. In der heißen Zeit badeten wir zudem oft im kleinen Pool.

Im Schnitt haben wir Erwachsenen täglich etwa sieben Stunden gearbeitet und hatten einen Tag in der Woche frei.

Warum hingen Sie unfreiwillig fünf Wochen in Kathmandu fest?

Indien hatte während unseres Aufenthalts die Visabestimmungen geändert. Demnach mussten wir alle ausreisen und hätten anstatt nach einer Woche erst zwei Monate später wieder einreisen dürfen. Schließlich dauerte unser unfreiwilliger Nepalaufenthalt dann fünf Wochen. Wir haben die Zeit zuerst für ein einwöchiges Familientrekking im Annapurna-Gebiet genutzt – es war wunderbar. Wieder in Kathmandu haben wir morgens jeweils ausgeschlafen, was im KIRAN-Dorf nicht möglich war, mit den Kindern etwa eine Stunde täglich gelernt und viele Tempel besucht. Der tägliche Gang ins Büro meines „Passvermittlers“ gehörte auch dazu und war eine eher mühsame Sache. Leider haben die fünf Wochen unser Budget ganz schön strapaziert: Für das Trekking, die Passgebühren (inklusive Schmiergeld), das

Guesthouse, in dem wir wohnten, und auch für unsere tägliche, auswärtige Verpflegung mussten wir ja selbst aufkommen.

Wie ist es Ihnen nach der Rückkehr in die Schweiz ergangen?

Zum Schluss waren wir in Indien noch drei Monate „ferienmäßig" unterwegs. Als dann die Hitze immer größer wurde und der Abschied näher rückte, freuten wir uns natürlich auch auf zu Hause und auf das Wiedersehen mit Verwandten und Freunden.

Unsere Kinder waren sofort in ihrem alten Leben zurück. Wir kamen an einem Freitag an und am Montag gingen sie schon wieder in die Schule. Wir Eltern hatten dagegen unsere liebe Mühe, uns in dem sehr geordneten Leben in der Schweiz zurechtzufinden. Wir haben etwa ein Jahr gebraucht, bis wir sagen konnten: „Wir haben Fuß gefasst." Inzwischen arbeite ich wieder als Lehrer an einer Sekundarschule.

Vorteile dieser Reiseform:

- So ein langer Aufenthalt ist nicht einfach eine Reise, sondern ein tiefes Eintauchen in eine zunächst fremde Kultur, in der man zusammen mit Menschen mit einem für einen selbst exotischen Hintergrund lebt.
- Man entwickelt einen anderen Blick auf das Reiseland, die dortigen Lebensumstände und Probleme, insbesondere wenn man aus einem reichen Land wie der Schweiz kommt. Was zu Hause selbstverständlich ist, ist in Schwellenländern wie Indien Luxus.
- So ein Aufenthalt als Familie bleibt unvergessen. Jeder Einzelne profitiert auf seine Art: Sei es durch

das Erlernen von Fremdsprachen oder dadurch, Toleranz gegenüber anderen Kulturen oder grundsätzlich mehr Gelassenheit für ungewohnte Situationen zu entwickeln.
- Die teuren Anreisekosten relativieren sich über die lange Aufenthaltsdauer.

Nachteile dieser Reiseform:
- Es braucht seine Zeit, bis man ein Projekt findet, welches eine Familie aufnimmt.
- Es erfordert im Vorfeld viel Aufwand. Der Arbeitgeber muss einverstanden sein, die Kinder sind von der Schule zu beurlauben.
- Man benötigt finanzielle Reserven und sollte sicher sein, dass man nach so einer Auszeit beruflich wieder Fuß fassen kann.
- Der Lebensstandard ist deutlich niedriger als zu Hause. Wer zudem nicht bereit ist, mit seiner Familie auf kleinstem Raum zusammenzuleben und auf Privatsphäre zu verzichten, der sollte auf so ein Unterfangen verzichten.
- Eltern können sich nicht nur um die eigene Eingewöhnung kümmern, sondern müssen auch noch genügend Energie aufbringen, um mögliche Ängste und Sorgen ihrer Kinder aufzufangen.

Erholung oder Abenteuer?
Für uns war es Abenteuer pur. Für die Seele war es aber auch Erholung.

Das würden wir beim nächsten Mal anders machen:
Eigentlich nichts. Das mit den Visa-Bestimmungen war nicht vorhersehbar. Und im Nachhinein bleiben uns die unfreiwilligen fünf Wochen in Nepal in bester

Erinnerung. Indien hat übrigens diese Visa-Bestimmungen inzwischen wieder rückgängig gemacht. Aber das kann beim Lesen dieser Zeilen bereits wieder anders sein.

Der ultimative Reisetipp:
Für gläubige Hindus ist Varanasi einer der heiligsten Pilgerorte mit Hunderten Tempeln. Entlang des Ganges befinden sich zahlreiche Treppen, die „Ghats", an denen die Pilger einerseits ihre rituellen Waschungen abhalten und andererseits auch die Leichen ihrer Familienangehörigen verbrennen und deren Asche dem heiligen Fluss und damit der Göttin Ganga übergeben. Diese enormen Menschenmengen zu beobachten, in sie einzutauchen, ist ein besonderes Erlebnis. Es versteht sich von selbst, bei den rituellen Abschiedszeremonien gebührenden Abstand zu halten und die Kamera in der Tasche zu lassen.

Spartipps:
Wir hatten großes Glück und konnten für unseren Aufenthalt unser Haus weitervermieten, das hat uns finanziell geholfen. Die Lebenshaltungskosten vor Ort waren niedrig. Teuer war es dagegen, die Krankenversicherung in der Schweiz ohne festes Einkommen weiterzuführen. In der Schweiz bezahlt man für die Krankenversicherung, anders als in Deutschland, eine Kopfpauschale pro Person, unabhängig davon, wie viel man verdient. Dazu kommen Sach- und Sozialversicherungen.

Währung:
100 Rupien = 1,36 Euro (Stand 9.1.2015)

Allgemeine Infos:
www.kiranvillage.org
www.kiranvillage.ch
Blog der Familie Ischi: http://schischigaga.blogspot.com

Fazit:

Wir bereuen keine Sekunde. In der Zwischenzeit habe ich mit meinem ältesten Sohn das Projekt wieder besucht.

Reiseführerverleger Michael Müller: Selbstbestimmtes Reisen mit Auto oder Wohnmobil

Text und Interview: Geraldine Friedrich

Urlaubsform:
entweder Bauernhofurlaub in Portugal oder Fernreise per Wohnmobil

Beteiligte: Michael (61), Judit (54), Leonard (17) und Isabella (15)

Dauer: meist um die 5 Wochen

Reisedistanz: 3.000 Kilometer per Auto (Portugal) auf 5 Tage verteilt oder Fernreise mit 12 Flugstunden

Reiseverkehrsmittel: innereuropäisch meist mit Auto, Fernreise per Flugzeug und Wohnmobil

Kostenfaktor: Portugal war für uns sehr günstig, da wir bei meinem Bruder lebten. Bei den Wohnmobilreisen muss man je nach Flügen für 2 Erwachsene und 2 Kinder über einen Zeitraum von 5 Wochen schon mit mindestens 6.000 Euro rechnen.

Vorbereitungszeit: gering; bei den Fernreisen sollte man jedoch Flüge und Wohnmobil mindestens sechs Monate vorher buchen, sonst hat man keine Auswahl.

Herr Müller, Ihre Reiseführer gehören mittlerweile zu den Bestsellern im deutschsprachigen Raum.
Spezielle Tipps für das „Reisen mit Kindern" finden sich aber kaum in Ihren Büchern. Warum eigentlich?

Michael Müller: Das stimmt so nicht. Wir haben in nahezu jedem unserer Reiseführer auch Tipps für Familien und Kinder, manchmal unter „A bis Z", manchmal in einem speziell hervorgehobenen Kasten, manchmal in der Einleitung, manchmal bei den jeweiligen Orten und Regionen. Die Reisebücher werden von Familien ebenso genutzt wie von allen anderen, bieten jedoch nicht ausschließlich Tipps für Kinder, das ist richtig. Es geht in erster Linie um praktische Hinweise für Reisende, die etwas individueller unterwegs sein wollen.

Wie reisen Sie denn mit Ihren Kindern?

Mittlerweile sind sie ja groß und finden es nicht mehr ganz so spannend, mit uns zu verreisen. Portugal war unser erstes Urlaubsziel mit unserem gerade neun Monate alten Sohn Leonard und blieb es auch die folgenden Jahre. Mein Bruder hat Agrarwissenschaften studiert und betreibt bei Lagos einen Hof mit Kühen und Schafen. Wir wohnten etwas außerhalb bei ihm auf dem Bauernhof und gingen öfter zum Abendessen nach Lagos. Das Essen verlief meist in sehr entspannter Atmosphäre mit freundlichen Passanten, die lächelnd an unserem Tisch vorbeiflanierten und uns zuwinkten, denn Leonard konnte sehr ausdauernd mit winkendem Händchen die Blicke auf sich ziehen.

Diese Urlaubsform bietet sich einfach an, wenn man mit einem Baby unterwegs ist – und ohnehin nur enttäuscht wird, sofern man mit zu vielen Erwartungen in die Ferien geht.

Wann kam das Thema „Fernreise" auf?

Die erste Fernreise mit Kindern haben wir unternommen, als Isabella, unser jüngeres Kind, fünf Jahre alt war. Die Reise ging an die Westküste der USA, fünf Wochen per Wohnmobil durch die Nationalparks. Ab diesem Zeitpunkt haben wir jährlich zwischen dem portugiesischen Bauernhofurlaub bei meinem Bruder und einer Fernreise abgewechselt. Die zweite Fernreise führte uns in den Westen Kanadas, den wir ebenfalls fünf Wochen per Wohnmobil erkundet haben. Fantastisch fand ich die großzügig angelegten Wohnmobilplätze, wo man das Gefühl hatte, allein im nordischen Regenwald zu leben. Die dritte Fernreise ging nach Australien. Die damals neunjährige Isabella war begeistert von „Mehlbraun" (= Melbourne) und vom Einkauf bei „Wollwurst" (= Woolworth). Nicht so begeistert war sie von einem „Kakatoo" (= Kakadu) auf einem Campingplatz, mit dem sie über zwei Tage Freundschaft schloss und der ihr dann so kräftig in den Finger biss, dass eine blutende Wunde zurückblieb.

Wieso stets per Wohnmobil?

Die Alternative wäre Mietauto und Hotel gewesen, doch in Hotels muss man das Gepäck immer wieder rein- und rausschleppen. Zudem sollte man je nach Saison vorbuchen und hat dann vielleicht nur ein Zimmer mit wenig Platz. Und: Ich will mich nicht vorab so genau festlegen und planen. Mir ist im Urlaub wichtig, dass ich mit meiner Familie spontan entscheiden kann, wann ich wie lange wo bleibe. Preislich macht es eh keinen großen Unterschied, ob ich ein oder gar zwei Zimmer im Hotel nehme oder ein Wohnmobil. Für Letzteres spricht in punkto Preis auch die Möglichkeit, sich selbst zu versorgen.

Sie fuhren mit kleinen Kindern stets im Auto nach Portugal, das machen die meisten Familien angesichts der günstigen Flugpreise nicht mehr. Warum taten Sie das?

Ich gebe zu, dass ich als gelernter Kfz-Mechaniker gern Auto fahre und dann auch mal schnell ins Kilometerfressen komme, das fanden meine Kinder nicht immer gut. Andererseits lasse ich mir für die Fahrt nach Portugal auch fünf Tage Zeit und baue Stopps ein, sodass wir unterwegs noch Freunde besuchen. Mein erster Stopp nach der Abreise in Erlangen ist meistens Freiburg. Ich finde es einfach schöner, wenn sich die Landschaft langsam verändert, anstatt ins Flugzeug zu steigen – und nach zwei Stunden bin ich in einer komplett anderen Gegend.

Mal abgesehen vom Kilometerfressen: Suchen Sie sich Ihre Reiseziele und die Reiseform auch nach ökologischen Kriterien aus?

Es wäre scheinheilig, wenn ich darüber schwadronieren würde, dass ich mit einem spritsparenden Airbus A350 nach Australien fliege, um dort Urlaub in einem Ökocamp zu machen. Aber zu viert in einem sparsamen Dieselfahrzeug nach Portugal zu fahren und dort auf einem Bauernhof zu leben, der komplett mit eigenem Windstrom versorgt wird, passt da schon besser.

Wie haben sich die Reisen von Familien Ihrer Meinung nach im Vergleich zu früher verändert?

Ich weiß nicht, ob Cluburlaub mit kompletter Kinderbetreuung noch so angesagt ist. Ich habe so etwas bisher nicht gemacht und bin ganz froh, mich mit meinen

Kindern den ganzen Urlaub herumzuschlagen zu können. Zu Hause habe ich nicht immer so viel Zeit und bin oft lange im Verlag am Werkeln.

Vorteile dieser Reiseform:

- Nach einer Weile fühlt man sich im Wohnmobil sehr heimelig. Die Umgebung ändert sich, Wohnraum und Betten bleiben gleich. Es gibt keine unliebsamen Überraschungen mit z. B. weichen/harten Matratzen oder Baustellen neben den Hotels.
- Wer mit Wohnmobil reist, hält sich zwangsläufig mehr in der Natur auf, für Kinder ist das in jedem Fall attraktiver, als in den pulsierenden Städten Sehenswürdigkeiten zu besuchen.
- Wer mit Wohnmobil reist, ist komplett autark, was Reisetempo, Länge der Aufenthalte und vor allem auch Orte der Aufenthalte angeht. Für Flächenstaaten wie die USA, Kanada oder Australien ist es das ideale Fortbewegungsmittel.
- Auch wenn die Kosten für Wohnmobile auf den ersten Blick hoch sind, lässt sich durch die Selbstversorgung viel Geld sparen. Meiner Erfahrung nach sind sie bei so langen Urlauben die einzig praktikable und bezahlbare Variante der Rundreise.

Nachteile dieser Reiseform:

- Mit einem so sperrigen Gerät wie einem amerikanischen Wohnmobil zu hantieren, ist nicht jedermanns Sache, und in Städten ist man damit nicht gut aufgehoben, dort stehen die Wohnmobile dicht an dicht auf den Plätzen.

Erholung oder Abenteuer?
Für mich war es immer beides.

Das würden wir beim nächsten Mal anders machen:
Weniger ist mehr: nicht mehr ganz so viele Kilometer fressen.

Der ultimative Reisetipp für das Reisen mit Wohnmobil:
Ich würde immer zu mehreren Reiseführern raten. Gut ausgestattet mit einer kleinen Reisebibliothek (natürlich auch die der Konkurrenz), empfiehlt mal der eine, mal der andere Führer Standplätze, die einen extrem guten Erinnerungswert besitzen. Spezielle Campingführer des jeweiligen Landes bekommt man vor Ort gratis zum Wohnmobil dazu.

Spartipps:
Wenn man so wie wir auf die Schulferien angewiesen ist, gibt es keine Schnäppchen. Man sollte nur frühzeitig buchen, um überhaupt ein Gefährt zu bekommen.

Allgemeine Infos:
In Australien haben wir über www.easylife-rentals.com.au/deutsch.html gebucht. Wir waren sehr zufrieden. In den USA und Kanada waren es die typischen Großverleiher.

Fazit:

Für uns war der jährliche Wechsel zwischen Bauernhofurlaub und Fernreise ideal.

Impfen und Reiseapotheke: Kindergesundheit auf Reisen (Bonuskapitel)

Text und Interview: Geraldine Friedrich

Der Hamburger Dr. Robin Kobbe (42) ist nicht nur Kinderarzt, sondern auch Tropenmediziner. Der Vater von zwei Kindern (3 und 7 Jahre) hat u. a. ein Jahr in Ghana geforscht und dort Kinder mit unterschiedlichsten Erkrankungen behandelt. Seit 2007 arbeitet der Arzt in der Klinik und Poliklinik für Kinder- und Jugendmedizin des Universitätsklinikums Hamburg-Eppendorf (UKE).

Es gibt Empfehlungen von renommierten Instituten, die besagen, Eltern sollten Fernreisen mit Kindern unter fünf Jahren vermeiden, speziell in die Tropen.
Teilen Sie diese Einschätzung?

Kobbe: Ich halte nichts von pauschalen Empfehlungen, denn die gehen am Leben vorbei. Es gibt Menschen, die haben ihre halbe Verwandtschaft in Afrika. Wir nennen diese Gruppe **Visiting Friends and Relatives** (VFRs). Oder es gibt Familien, die aus beruflichen Gründen ins außereuropäische Ausland müssen. Denen kann ich nicht sagen: Fahrt nicht. In solchen Fällen geht es einfach darum, die bestmöglichen Vorkehrungen zu treffen, um das Risiko einer Erkrankung zu minimieren. Sei es durch Impfungen, medikamentöse Prophylaxe oder Verhaltensmaßregeln.

Was sind denn die häufigsten gesundheitlichen Probleme bei Kindern auf Fernreisen?

Durchfallerkrankungen sind sehr häufig und gerade bei Babys und Kleinkindern problematisch. Es besteht durch den Flüssigkeitsverlust die Gefahr, dass sie austrocknen. Zweitens: **Fieberhafte Erkrankungen** der Atemwege, vor allem der oberen Luftwege. Die gibt es bei uns aber genauso wie in den Tropen. An dritter Stelle kommen **Verkehrs-** und **Badeunfälle**, dann erst Tropenerkrankungen wie Malaria. Da diese aber sehr schwer bis tödlich verlaufen können, wollen Eltern und Ärzte natürlich gerade Letztere vermeiden. Wir haben am Universitätsklinikum Hamburg-Eppendorf immer wieder Patienten mit komplizierter Malaria auf der Intensivstation. Gerade Kinder aus der Gruppe der VFRs haben ein erhöhtes Risiko, bestimmte Tropenkrankheiten wie Malaria, Denguefieber, Salmonellosen und Hepatitis zu importieren. Insgesamt haben wir in Deutschland etwa 600 bis 1.000 Malariafälle, davon sind 10 Prozent Kinder, 10 Prozent der Erkrankungen verlaufen schwer.

Warum haben gerade diese Kinder ein erhöhtes Risiko?

Für Menschen jenseits des kritischen Kindesalters aus tropischen Ländern zählt eine Malaria, verkürzt gesagt, zum jährlichen Rhythmus wie für Europäer eine Erkältung. Sie haben nach jahrelangen Aufenthalten in Malariahochrisikogebieten eine **Teilimmunität** entwickelt, Malariainfektionen verlaufen in dieser Gruppe deutlich milder. Allerdings berücksichtigen Migranten nicht, dass sie diese Teilimmunisierung nach längerem Aufenthalt in der westlichen Welt schnell verlieren. Damit bringen sie nicht nur sich selbst bei einem Familienbesuch in

Gefahr, sondern auch ihre nichtafrikanischen Partner und Kinder. Insbesondere dann, wenn sie auf notwendige Vorkehrungen wie eine Prophylaxe verzichten. Wer mit Kindern in ein Malariarisikogebiet reist, muss diese schützen, mit medikamentöser Prophylaxe, richtiger Kleidung (hell und langärmelig), Repellentien (Mückenschutz) und einem imprägnierten Moskitonetz. Diese Hochrisikogruppe nimmt übrigens zahlenmäßig zu.

Sie erwähnen Verkehrs- und Badeunfälle – wie können Eltern hier die Risiken minimieren?

Reisenden Eltern sollte bewusst sein, dass nicht überall die westeuropäischen Sicherheitsstandards herrschen, zum Beispiel bei Autos oder Hotelpools. Es sind auch schon Kinder in Deutschland ertrunken, weil Absaugrohre nicht vorschriftsmäßig geschützt waren. Im außereuropäischen Ausland sind die Pools eher noch weniger gesichert. Bezüglich Mietwagen hilft es schon enorm, wenn Reisende genau wissen, was auf sie zukommt. Ob es ein Auto mit Sicherheitsgurten ist, die vielfach in Afrika nicht üblich sind, ob es Kindersitze gibt, ob ich selbst fahre oder einen Fahrer habe. Und natürlich wie die Straßenverhältnisse sind. Gerade in Afrika würde ich jedem raten, nachts nicht Auto zu fahren, da hier aufgrund fehlender Straßenbeleuchtung und allgemein schlechter Straßenverhältnisse die meisten Unfälle passieren.

Welche Reiseziele sollten Eltern mit Kleinkindern vermeiden?

Spontan würde ich sagen: Alle, in denen es **Malaria** und **Gelbfieber** gibt. Es gibt zwar Malariaprophylaxe (frühestens ab fünf Kilo Körpergewicht) und Gelbfieberimpfungen (frühestens für Kinder ab dem neunten

Monat möglich), aber Eltern sollten wirklich genau überlegen, ob sie die Impfung bzw. Prophylaxe wegen einer Erlebnisreise ihrem Kind zumuten wollen. Das Kind selbst wird sich an diese Reise nie erinnern. Da rate ich dann noch etwas zu warten, wenn es aus bereits erwähnten Gründen nicht sein muss. Dagegen ist es überhaupt kein Problem, mit einem unter Fünfjährigen einen Badeurlaub in touristisch erschlossenen Regionen Thailands oder Indiens zu verbringen. Ich selbst war mit meinem Sohn in Thailand, als er drei Jahre alt war. Bei Reisen in diese beiden Länder rät die deutsche Tropenmedizinische Gesellschaft (DTG) meist von einer **Malariaprophylaxe** ab, weil Nebenwirkungen wahrscheinlicher sind als der zu erwartende Nutzen. Infektionen sind dort in den meisten Gebieten sehr selten geworden.

Man sollte natürlich auch immer die aktuellen Empfehlungen des Auswärtigen Amtes ernst nehmen, um möglichen Epidemien, politisch motivierten Gewalttaten und Naturkatastrophen zu entgehen.

Welche Nachteile können denn Gelbfieberimpfung oder Malariaprophylaxe für ein Baby bzw. Kleinkind haben?

Wenn ich mit Kleinkindern in Risikogebiete fahre, in denen eine medikamentöse Malariaprophylaxe empfohlen wird, muss ich die möglichen Nebenwirkungen wie Übelkeit und Durchfall (Atovaquon plus Proguanil, Malarone®) oder auch seltene neuropsychische Veränderungen (Mefloquine, Lariam®) in Kauf nehmen, denn im Falle einer Erkrankung ist das Risiko eines **tödlichen Verlaufes** gegeben und demnach das Verzichten auf eine medikamentöse Prophylaxe denkbar risikoreicher. Bei sehr jungen Säuglingen, die gegen Gelbfieber geimpft wurden, wurden tödliche Verläufe beobachtet. Es handelt sich hierbei um einen sogenannten **Lebendimpfstoff**. Als mögliche Erklärung für diese seltenen tödlichen Verläufe werden neben dem unreifen Immunsystem sehr junger Kinder unentdeckte angeborene Immundefekte verantwortlich gemacht. Daher rät die DTG von **Gelbfieberimpfungen** bei Kindern unter neun Monaten ab. Unbedingt aber rate ich dazu, Kinder gegen Hepatitis A impfen zu lassen, wenn Eltern mit ihnen in die Tropen bzw. Subtropen reisen, auch bei Reisen z. B. in die Türkei. Wichtig: Eltern sollten sich vor der Reise bei ihrem Kinderarzt beraten lassen, bei sehr exotischen Ländern oder Abenteuerreisen rate ich zu einer individuellen Impfberatung in einem Tropeninstitut.

Welche Einschränkungen gilt es hinsichtlich der Flüge zu beachten?

Babys sollten mindestens **drei Monate** alt sein, damit aufgrund der Druckverhältnisse und des fetalen Blutfarbstoffes die Sauerstoffsättigung im Blut immer ausreichend ist. Ansonsten gibt es keine Altersbeschränkungen. Es hängt natürlich vom einzelnen Kind ab, ob es gern fliegt und wie es Start und Landung verträgt, da Druckschwankungen oft zu Ohrenschmerzen führen können. Zum Druckausgleich hilft in der Regel das Lutschen eines Bonbons oder ein Kaugummi.

Hygienische Standards sind auch nicht überall wie in Deutschland. Welche Vorsichtsmaßnahmen raten Sie hier?

Mittlerweile recht verbreitet sind **Hakenwurminfektionen**, die sich über Hundekot am Strand über die Haut übertragen. Der Wurm bohrt sich in die Haut und irrt dort in serpentinenartigen Gängen umher, was unangenehm juckende Hautausschläge auslösen kann. Diese und andere Infektionen bringen Urlauber auch aus dem Mittelmeerraum mit. Daher sollten Kinder gerade an **weniger gepflegten** öffentlichen Stränden nie barfuß oder nackt herumtollen, sondern immer Schuhe, Sandalen oder Ähnliches tragen. Ähnlich verhalten sich die Bilharziose-Zerkarien, die Larven der **Schistosomiasis**, in tropischen Süßgewässern Afrikas und Asiens. Auch sie dringen über die Haut in den Körper ein. Daher sollte man nie in unbekannten tropischen Gewässern einfach so baden.

Übrigens ebenfalls wichtig ist, dass Eltern ihre Kinder vor herumstreunenden Tieren fernhalten. Tollwut ist ein weltweites Problem. Ein Tierbiss oder auch nur eine Kratzwunde durch ein Tier bei nicht geimpften Menschen, egal ob Erwachsener oder Kind, ist immer ein Notfall und erfordert eine Immunisierung. In bestimmten Situationen und Ländern ist es allerdings besser, man lässt alle Familienmitglieder vorab impfen, vor allem, wenn man sich dort abseits von Touristenregionen bewegt.

Ein weiteres Problem sind Medikamentenfälschungen. Gerade im Falle z. B. einer nicht wirksamen Tollwutimpfung oder eines gefälschten Malariamedikamentes können die Erkrankungen tödlich verlaufen. Wie verhalte ich mich, wenn ich unsicher bin, ob die medizinische Versorgung vor Ort taugt?

In jedem Fall empfehle ich eine Reisekrankenversicherung mit der Möglichkeit einer Evakuierung und Rückführung ins Heimatland. Des Weiteren rate ich, im Ernstfall die zuständige Botschaft in dem jeweiligen Land zu kontaktieren. Diese Rufnummer sollte jeder parat haben. Am wichtigsten ist aber immer die Prävention: Wenn Eltern mit Kindern in eine tropische Region reisen, sollten sie sich rechtzeitig, mindestens sechs Wochen vor Abreise, individuell tropenmedizinisch beraten lassen. Dann besteht noch genügend Zeit, versäumte Impfungen nachzuholen.

Ich rate übrigens dringend davon ab, mit Kindern ohne die vollständige **Grundimmunisierung** in Form einer Sechsfach-Impfung (Polio, Tetanus, Diphterie, Haemophilus influenza Typ B, Hepatitis B und Pertussis), Pneumokokken plus eine Impfung gegen Mumps, Masern, Röteln in tropische Regionen zu reisen. Die Erreger dieser Krankheiten sind in den Tropen oftmals noch häufiger. Studien belegen zudem, dass es bei Kindern ohne diese Impfungen häufiger zu Blutvergiftungen, Hirnhaut- und Lungenentzündungen sowie akuten Mittelohrentzündungen kommt.

Was gehört in die Reiseapotheke?

Das ist natürlich individuell verschieden. Neben den Dauermedikamenten des Kindes fahren Eltern in der Regel gut, wenn sie Sonnenschutzcreme (mindestens Faktor 30), Insektenschutzmittel, ein Gel gegen juckende Insektenstiche, Fieberthermometer sowie Zäpfchen gegen Fieber und Schmerzen mitnehmen. Eine kleine Schere oder ein Schweizer Taschenmesser, Pflaster (mit Tiermotiven, weil es die vor Ort vielleicht nicht gibt), ein Mittel gegen Durchfall und Verstopfung, Desinfektionsspray, Nasen-, Augen- und Ohrentropfen schaden nicht. Es empfiehlt sich, auch antiallergische Medikamente (z. B. Fenistil Gel und Tropfen), z. B. gegen Nahrungsmittelallergien und Reaktionen auf Insektenstiche sowie ein Mittel, welches nach Durchfall die Darmflora wieder aufbaut, mitzunehmen. Eltern ersparen sich vor Ort in der Regel viel Stress und hohe Kosten, wenn sie diese Dinge parat haben.

Impfungen vor der Reise:

Eine tropenmedizinische Beratung sollte mindestens **sechs Wochen** vor Abflug stattfinden, denn dann können Eltern verpasste Impfungen bei ihren Kindern noch nachholen. Die Beratung findet beim eigenen Kinderarzt statt und muss in der Regel selbst bezahlt werden. Bei exotischen Reisezielen eignen sich besonders Kinderärzte, die auch Tropenmediziner sind und beispielsweise **Gelbfieberimpfungen** durchführen dürfen. Infos und Arztadressen findet man unter anderem unter www.kinderaerzte-im-netz.de. Die Beratung funktioniert aber auch telefonisch über das Reisemedizinische Zentrum des Bernhard-Nocht-Instituts in Hamburg: Telefon 0900 1234 999, montags bis freitags von 8 bis 19 Uhr sowie samstags zwischen 10 und 18 Uhr. Kosten: 1,98 Euro pro Minute für ein Telefonat aus dem Festnetz. Sehr detaillierte und umfangreiche Informationen enthält bereits das Webangebot des Instituts unter www.gesundes-reisen.de. Tipp: Je mehr man vorab liest und sich mit präzisen Fragen auf das Telefonat vorbereitet, desto günstiger wird es.

Spar-Tipp:

Es gibt gesetzliche Krankenversicherungen, die inzwischen sämtliche kostspieligen Reiseimpfungen wie Hepatitis A und B und Tollwut übernehmen. Eine nützliche Übersicht findet sich auf der vom Pharmakonzern Glaxo Smith Kline gesponserten Seite www.fit-for-travel.de (auf den Menüpunkt „Erstattung von Reiseimpfungen" klicken).

Adressen und Tipps

von Geraldine Friedrich

I Veranstalter, Unterkünfte, Ideen für Familienreisen

Was teuer und was günstig ist, unterliegt der persönlichen Wahrnehmung. Hier meine eigene Einschätzung verschiedener Angebote. Die Auswahl ist subjektiv. Wer eine erwähnenswerte Unterkunft, einen Veranstalter oder ein spannendes Reiseziel für Familien vermisst und entsprechende Informationen teilen möchte, darf uns diese gern unter reisenmitkindern@edition-reiseratte.de mailen. Bitte unbedingt die Websites angeben und eine kurze (!) Begründung dazu schreiben, was dieses Angebot so besonders macht. Wir prüfen es, nehmen es dann zunächst online in die Aktualisierung auf und stellen es in der nächsten Auflage dieses Buches vor. Die Aktualisierung der Veranstalterliste sowie eventuelle Korrekturen finden Sie unter www.reiseratte.de in der Rubrik „Reisen mit Kindern". Natürlich veralten Informationen im Laufe der Zeit, auch in diesen Fällen sind wir für Ihre Hinweise dankbar.

Günstiges bis mittleres Preissegment:

Kletterurlaube im Elbsandsteingebirge, Geocaching, Kanutouren – all das bietet der Leipziger Reiseveranstalter **Aktivtour**.
www.aktivtour.de

Bambino Tours bietet Familien europaweit landestypische Unterkünfte, vor allem in Spanien, Italien, Frankreich, Österreich, in der Schweiz und in Deutschland, auf Wunsch mit oder ohne Kinderprogramm. Der Marburger Veranstalter hat ein offenes Ohr für Familien mit behinderten Kindern.

www.bambino-tours.de

Das **Bayerische Pilgerbüro** veranstaltet jährlich eine Familienwallfahrt innerhalb Europas. Die Destinationen wechseln, gereist wird in der Regel mit dem Zug oder Bus. Familien, die nicht über das nötige Kleingeld verfügen, werden vom Pilgerfonds unterstützt. Kein Gottesdienstzwang.

www.pilgerreisen.de

Bei dem **Bunbo** handelt es sich um ein Bungalowboot, eine Art Ferienhaus auf einem Floß, mit dem man gemütlich auf der Havel oder der Mecklenburgischen Seenplatte schippert (siehe Seite 131). Stets auf Tuchfühlung mit der Natur lässt sich so ein Aufenthalt perfekt mit Angelurlaub verbinden. Durch die Selbstversorgung ist es ein günstiger Urlaub. Es gibt auch rollstuhlgängige Bunbos.

www.bunbo.de

Der südbadische Veranstalter **Corfelios** hat sich auf Familienurlaub an der griechischen Küste spezialisiert und hat dabei stets auch alleinerziehende Eltern im Blick. Vor Ort wird Baby- und Kinderbetreuung zu zivilen Preisen angeboten.

www.corfelios.de

Ferienhausvermittler wie **Dantravel** vermitteln nicht nur Ferienhäuser in Dänemark, sondern helfen auch bei der detaillierten Planung, beispielsweise wenn zwei Familien ihren Urlaub in benachbarten Domizilen verbringen wollen. Die kurzen Wege für Eltern und Kinder erleichtern nicht nur Absprachen und das gemeinsame Spielen der Kinder, befreundete Eltern können auch entspannt die Abende miteinander verbringen, wenn die Kinder bereits schlafen.
www.dantravel.de

Das **Deutsche Erholungswerk** (DEW) bietet deutschlandweit sechs Feriendörfer in idyllischer Umgebung an: vom Feriendorf Todtnau im Schwarzwald bis Golsmaas in Schleswig-Holstein südlich von Flensburg direkt am Ostseestrand – WLAN gegen kleinen Aufpreis.
www.dew-hamburg.de

Das **Deutsche Jugendherbergswerk** (DJH) bietet nicht nur günstige Unterkünfte, sondern als Reiseveranstalter für Familien spannende Gesamtpakete zum kleinen Preis. Die Palette reicht von Radreisen, Kreativferien, Segel-, Kletter- und Ritterfreizeiten und Vater-Sohn-Abenteuerurlaub bis hin zum Mutter-Tochter-Wellnessurlaub. Selbst ausprobiert habe ich mit meinem damals dreijährigen Sohn die Reise „Auf den Spuren der Indianer" in der Jugendherberge Forbach im Schwarzwald. Trotz ausgesprochen verregneter und kühler Pfingstferien blieb die Laune bei Kindern und Erwachsenen gut, das Essen schmeckte ausgezeichnet, unser Familienzimmer war allerdings, wie alle anderen Zimmer auch, sehr einfach – mit Duschen und Toiletten auf dem Gang. Jährlich erscheinen zwei Kataloge mit dem Sommer- und Winterreiseprogramm aller Reisen des DJH (siehe Seite 88). Infos über die Familienreisen auch unter

www.familienurlaub.jugendherberge.de.

Ausschließlich an Familien und Alleinerziehende mit Kindern richten sich die Reisen des Veranstalters **FP Familiencamp**. Die Bandbreite reicht vom Zelturlaub mit Edelsteinsuche im Naheland bis hin zum Zeltdorf auf Sardinien.

www.fp-familiencamp.de

Wer denkt, dass sich coole Städte wie **Hamburg** nur für Kinderlose eignen, liegt falsch. Das Pauschalpaket heißt „Urlaub für die ganze Familie" und enthält beispielsweise für ein Paar mit zwei Kindern drei Hotelübernachtungen, drei Abendessen, einen kostenlosen Hotelparkplatz, Eintritte in das Miniatur Wunderland, eine Hafenrundfahrt, ein Kinderbegrüßungsgeschenk und die Hamburg CARD mit zahlreichen kostenlosen Leistungen zu einem günstigen Preis unter 400 Euro.

www.hamburg-tourism.de
(auf „Buchen" gehen und „Hamburg für Familien" anklicken)

Sagen wir einfach mal, wie es ist: Schicke Hotels in der Schweiz können sich normal verdienende Familien kaum leisten. Eine nette Ausnahme bildet die 2014 eröffnete **Jugendherberge in Saanen** bei Gstaad: gutes Essen, Spielplatz, Tischfußball, Familienzimmer mit eigenem Bad, WLAN gratis, energiesparende Architektur, typisch schlichte, aber schicke Schweizer Sichtbeton- und Holzarchitektur – und das alles inmitten der Alpen in der Nähe des mondänen Gstaad, wo man auch mal

Julie Andrews oder Roman Polanski beim Abendessen treffen kann. Besonders gut gefiel uns der Aufenthalt im Juni, denn da war gerade Bergfrühling und mit ihm standen Enzian und Bergorchideen in voller Blüte. Eine einfache und schöne Wanderung samt Bergbahn bietet ein Ausflug auf das Rellerli. Lohnenswert ist auch ein Trip in das idyllische Bergdorf Chateau d'Oex, welches über eine eigene Jugendherberge verfügt und bereits jenseits des Röstigrabens in der Romandie (= französische Schweiz) liegt.

www.youthhostel.ch, www.gstaad.ch

Die **Kolping Familienstätten** bieten deutschlandweit günstige Urlaube inklusive Programm und Kinderbetreuung an. Vom Skikurs im Allgäu über Ferien auf der Ritterburg im Mittelrheintal bis hin zur Mecklenburgischen Schweiz hat der konfessionelle Anbieter verschiedene Angebote im Programm.

www.kolping-familienurlaub.de

Lama- und Ziegentrekking für Familien und Schulklassen bietet der kleine Veranstalter **Lama & Co** im oberen Simmental. Für jüngere Kinder eignen sich eher Lamas, welche das Kind an einer Leine durch die Berge führt. Auch mehrtägige Wanderungen hat Inhaber Hugo Frieden, der die Touren immer selbst begleitet, im Angebot. Zudem vermietet er seine eigene einfache Almhütte tage- und wochenweise. Sie liegt auf einer Höhe von 1.300 Metern an einem Bach und ist nur zu Fuß erreichbar.

www.lama-und-co.ch

Mecklenburger Radtour bietet Familienradreisen rund um die Seenplatte, auf Usedom, Rügen und an der Ostsee an.

www.mecklenburger-radtour.de

Unter der Marke **Roter Hahn** vereint der Südtiroler Bauernbund über 1.600 authentisch geführte Höfe in allen Teilen Südtirols. Eltern und Kinder können frisch gemolkene Milch sowie Käse und Früchte vom Hof dort essen, wo sie entstehen bzw. wachsen (siehe Seite 34).

www.roterhahn.it

Der Veranstalter **Rucksack Reisen** aus Münster bietet Kanutouren, Wander- und Radreisen für Familien an, vor allem in Skandinavien, aber auch in Irland und Frankreich.

www.rucksack-reisen.de

Fossilien klopfen mit Kindern auf der Schwäbischen Alb, das können Familien nur wenige Kilometer entfernt vom Urweltmuseum Hauff in Holzmaden im **Schieferbruch Kromer**. Familien und Kinder müssen nur eine kleine Gebühr entrichten und können dann das, was sie finden, mitnehmen. Hammer und Meißel nicht vergessen, beides kann aber auch gegen Gebühr ausgeliehen werden. Die Website des Tourismusverbands Schwäbische Alb hält zudem einen eigenen Familienreiseführer parat, der zahlreiche Ausflugstipps auflistet. Einfach Ferienwohnung anmieten und entdecken – ein spannender, abwechslungsreicher und günstiger Urlaub.

www.schieferbruch-kromer.de,
www.urweltmuseum.de,
www.schwaebischealb.de

Die **Schwarzwälder Pilzlehrschau** bietet leider keine Eltern-Kind-Seminare, jedoch können größere, an Pilzen interessierte Kinder und Jugendliche ab etwa zehn Jahren mit ihren Eltern an den Seminaren teilnehmen. Das ist auch deswegen spannend, weil sich Theorie und Praxis (Referate, Exkursionen in den Wald) stets abwechseln. Die Gemeinde Hornberg, in der das legendäre Hornberger Schießen stattfand, bietet jede Menge günstiger Ferienwohnungen, sodass die Pilze nach dem Sammeln gleich gebrutzelt werden können. Außerdem finden sich in der Umgebung noch weitere attraktive Ausflugsziele.

www.pilzzentrum.de

Das Familienlandhotel **Stern** in Tirol bietet nicht nur ein Kinderprogramm für Drei- bis Zwölfjährige, sondern auch ausgesprochen naturnahe Beschäftigungen wie Ponyreiten, Glasblasen, Brotbacken, Filzen, Abenteuer im Wald und am Bach, Klettern, Geocaching, Bogenschießen, Heu-Schnarchen (!), Lagerfeuer-Grillen, Eislaufen und Hundeschlitten fahren.

www.stern.at

(Weitere Öko-Hotels finden Sie auf der Seite www.greenpearls.com, wenn Sie dort auf „Grüne Familienhotels“ klicken.)

Deutscher lernt Engländerin kennen, sie bekommen zwei Kinder und gründen eine Sprachschule in Hannover, so die Kurzversion der Entstehung von **The English Experience** (siehe Seite 28). Da beide sich auch gern draußen bewegen, kombiniert der kleine Reiseveranstalter gekonnt Sprachunterricht mit Wanderausflügen in idyllischer, nordenglischer Landschaft.

www.english-experience.de

Der Veranstalter **Velociped Fahrradreisen** aus Marburg bietet einige Radtourklassiker zu günstigen Preisen. Kinder bis einschließlich fünf Jahren übernachten beispielsweise bei der Bodenseetour gratis im Doppelzimmer der Eltern. Mit Gepäcktransport, Kartenmaterial und auf Wunsch auch Leihrädern oder E-Bikes.

www.velociped.de

Dreitägige Vater-Kind-Wanderungen von Hütte zu Hütte durch den Bayerischen Wald für sieben- bis fünfzehnjährige Kinder, Schnupperwochenende im Wildnis-Camp für die ganze Familie, Mythen und Sagen im Bayerischen Wald – das bietet der **Verein Waldzeit**. Spannende Reisen zu kleinen Preisen.

www.waldzeit.de

Wavetours bietet als Surfspezialist Kurse für Groß und Klein in Frankreich, Spanien und Portugal an, aber auch in Marokko und in der Karibik. Für Kinder eignet sich das Wellenreiten ab etwa acht Jahren.

www.wavetours.com

Der Name ist Programm bei **Windbeutel-Reisen**: Segeltörns für Familien und Alleinreisende mit Kind im Mittelmeer und auf der Ostsee, der Kölner Veranstalter bietet aber auch Skifreizeiten. Letztere hauptsächlich in Österreich, einige in der Schweiz und eine in Frankreich.

www.windbeutel-reisen.de

Mittleres bis teures Preissegment:

Die Region **Achensee** im österreichischen Tirol ist ein ausgesprochen kinderfreundliches Urlaubsziel. Im Sommer gibt es für Kinder ab vier Jahren ein Gratis-Sommerferien-Programm, das heißt, die Eltern können in dieser Zeit auch durchatmen. Ein kleinkindtauglicher Badestrand samt Abenteuerspielplatz bietet Achenkirch, in Maurach lockt dagegen ein eher naturbelassener Strand, der sich aber auch für Kinder eignet. Der autofreie Wusel-Seeweg verbindet die beiden Orte; dank diverser Spielstationen ist der Spaziergang auch mit Kindern gut zu bewältigen. Im Winter locken Langlaufloipen, aber auch Skikurse für Kinder. Es gibt Kinderhotels, Privatunterkünfte und preisgünstige Ferienwohnungen.
www.achensee.info

Das **Aqualux Hotel Spa Suite & Terme** ist ein kinderfreundliches Vier-Sterne-Superior-Haus mit insgesamt acht Schwimmbecken, rund 6.000 Quadratmeter großem Garten und 1.000 Quadratmeter Spa. Es liegt 25 Kilometer entfernt von Verona in Italien. Das Wasser für den Whirlpool wird über eine solarthermische Anlage erhitzt, die Energie für Saunen, Dampfbäder und Caldarium stammt zum Teil aus der hauseigenen Photovoltaik-Anlage. Das Hotel wurde komplett aus Massivholz gebaut, das gesamte Konzept ist dem sorgsamen Umgang mit regionalen Ressourcen gewidmet.
www.aqualuxhotel.it

Das **Kurszentrum Ballenberg** am Brienzer See wurde in den 1940er Jahren als „Heimatwerkschule" für Arbeiter und Bauern gegründet, damit diese ihren Lebensunterhalt mit Fertigkeiten wie Drechseln, Schlachten oder Schmieden ergänzen und sichern konnten. Erst seit den 1990ern bedient das Kurszentrum die Sehnsucht von Büroarbeitern, in ihren Ferien alte, fast vergessene Handwerkskünste erlernen zu können. Das Kurszentrum will als Bestandteil des Museumsdorfs Ballenberg das Wissen um die Künste für nachfolgende Generationen erhalten. Seit 2014 bietet das Kurszentrum auch Generationenkurse im Buchbinden, Flechten, Papiergestalten, Polstern, Sticken, Schnitzen, Schmieden, Schreinern, Drechseln und Töpfern an. Konkret bedeutet das: Eltern oder Großeltern können mit ihren mindestens zehn Jahre alten Kindern oder Enkeln in zweitägigen Kursen beispielsweise schmieden, Sitzkissen herstellen oder Keramiken töpfern. Am besten mietet man sich eine Ferienwohnung und verbindet den Aufenthalt mit Ausflügen ins Berner Oberland.

www.ballenbergkurse.ch

Früher habe ich als Kinderlose meinen Kollegen und Bürogenossen bemitleidet, der mit seinem Nachwuchs in einen der **Center Parcs** „musste", heute fahre ich als Mutter eines Fünfjährigen selbst hin. Drei Tage Powerplanschen am Stück mit *seeehr* vielen anderen Familien sind Traumferien für Kinder: Spielplätze noch und nöcher, auch Restaurants und Supermärkte, die aber nicht gerade günstig sind. Auch schicke und natürlich teurere VIP-Häuser mit Sauna sind im Programm. Nicht immer und nicht jedes Jahr, aber eine Option für kühle und verregnete Herbstferien. In Deutschland wurde im Jahr 2014 der Park **Bostalsee** eröffnet. Dieser eignet sich eher für die Sommermonate, schön für den Herbst fanden wir den waldreichen Park **Les Trois Forêts** im Elsass – im Oktober sind Steinpilze im Wald inklusive.

www.centerparcs.de

Eine historische Jugendstilvilla beheimatet das Hotel **Chesa Spuondas** im Engadin in der Schweiz. Das familienfreundliche Hotel verfügt neben Bibliothek, Salon und Speisesaal auch über großzügige Gesellschaftsräume. Individuelle, charakteristische Möbel und Antiquitäten prägen das ganze Haus. Jedes der siebzehn Zimmer ist ein Unikat. Weder Fernseher noch Telefon lenken in den Gästezimmern von Entspannung und Weitsicht ab. Leider ist das Hotel oft auf Jahre ausgebucht. Trotzdem mal reinschauen und träumen.
www.chesaspuondas.ch

Der Veranstalter des Deutschen Alpenvereins **DAV Summit Club** bietet Wander- und Kletterreisen, auch mit Esel oder Pferd, für Familien in Österreich, Marokko und Italien, aber auch Rundreisen in Costa Rica.
www.dav-summit-club.de

Der Familien-Fernreise-Spezialist **Djoser Junior** aus Köln bietet weltweit Reisen für Familien mit Kindern zwischen fünf und fünfzehn Jahren an. Insgesamt hat der Veranstalter vierzehn Länder von Brasilien über Costa Rica, Island, Südafrika bis Vietnam im Angebot.
www.djoserjunior.de

Unvergessen bleibt ein Angelurlaub im **Farsund Resort**, etwa anderthalb Autostunden westlich vom südnorwegischen Kristiansand. Das idyllisch gelegene Urlaubsdorf besteht aus typisch skandinavischen Holzhäusern, die komfortabel eingerichtet sind und direkt am Meer liegen. Angelausrüstung und Motorboot kann man vor Ort ausleihen. Der Urlaub ist bezahlbar, wenn sich zwei oder drei Familien eins der schicken Häuser mit vier

Doppelzimmern und mehreren Bädern teilen. Die Preise sind über das Jahr konstant.
www.farsundresort.no

Der südbadische Veranstalter **For Family Reisen** hat sich auf Fernreisen für Familien spezialisiert. Angeboten werden beispielsweise Reisen zu den Galapagosinseln nach Ecuador, nach Costa Rica, Südafrika, Tansania und Indien.
www.familien-reisen.com

In dem Luxus-Resort **Forte Village auf Sardinien** kommen Eltern und Kinder auf ihre Kosten. Neben direkter Lage am Meer, zahlreichen Schwimmbädern und einem Spa gibt es eine eigene Stadt für Kinder, die „Città dei Bambini", und ein „Leisure Land" für Halbwüchsige. Pizza- und Kuchenbacken, Malwettbewerbe, Fußballmatches oder Trampolinspringen, ambitionierte kleine Kicker können in der zum Hotel gehörigen Chelsea Football Club Soccer School zum Training antreten. Sprachbegabte Kinder nutzen den Urlaub, um ihre Englisch- oder Italienisch-Kenntnisse aufzubessern. Mittags und abends geht es mit einem Spielzeugzug zum Essen in das Kinderrestaurant Aquarium. Alles kann, nichts muss – es soll ja schließlich Urlaub sein. Die Anlage wird 2015 renoviert. Teuer.
www.fortevillageresort.com

Hauser Exkursionen hat Wanderreisen für Familien mit Kindern im Programm, beispielsweise in Nepal, aber auch in Tunesien und auf Menorca. Bei Fernreisen bietet der Veranstalter Reisen à la „Kenia mit Kindern".
www.hauser-exkursionen.de

Eine Schlittenhundefahrschule für Kinder ab fünf Jahren bietet der Veranstalter **Husky Tony** in Österreich. Für ältere Kinder ab zwölf Jahren und Erwachsene gibt es Husky-Workshops inklusive Ausflug mit Schneeschuhen.

www.husky-toni.at

Das familienfreundliche Bio-Hotel **Kenners Landlust** liegt direkt am Waldrand im Wendland. Nachts ruft das Käuzchen, tagsüber zwitschern die Vögel. Wer Natur sucht, ist hier genau richtig. Wie der Name bereits andeutet, serviert das familiengeführte Haus Bio-Kost.

www.kenners-landlust.de

Der Island-Spezialist **Katla Travel** mit Sitz in München ist zwar kein ausgesprochener Familienreiseveranstalter, bietet aber Bausteine wie Wohnmobile, hochlandtaugliche Camper sowie „Fly & Drive"-Angebote, mit denen Familien ihren perfekten, wenn auch sicherlich nicht billigen Islandurlaub planen können.

www.katla-travel.is

Das **Kinderhotel Oberjoch** und sein österreichisches Schwesterhotel **Alpenrose** in Lermoos lassen weder Kinder- noch Elternwünsche offen. Ein gutes Konzept, irre Spielmöglichkeiten für Kinder, kurze Wege zu allem, gutes Essen, Sauna und Schwimmbäder im Haus sowie Kinderbetreuung rund um die Uhr lassen vormalige Club-Hasser zu überzeugten All-inclusive-Urlaubern werden. Ein drittes Hotel namens **Dachsteinkönig** wird derzeit im österreichischen Gosau gebaut und soll im Sommer 2016 eröffnen.

www.kinderhotel-oberjoch.de,
www.hotelalpenrose.at

Der lukrative Markt der Kinderhotels ist übrigens heiß umkämpft. Mit gut verdienenden Akademikereltern lässt sich eben Geld verdienen. Für Eltern mitunter verwirrend sind die zahlreichen **Vermarktungsgemeinschaften** mit verschiedenen Namen und Websites, die teilweise recht ähnlich klingen:

www.kinderhotels.com,
www.kinderhotel.de,
www.familienhotels.com,
www.familienhotels.de und
www.familotel.com.

Tipp: Einzelne Häuser schmücken sich gern mit Preisen und Auszeichnungen, deren Unabhängigkeit und Ernsthaftigkeit für Außenstehende schwer zu bewerten sind. Die Bewertungen bei den üblichen Hotelportalen geben in der Regel einen ersten Eindruck über die Qualität der einzelnen Häuser. Noch besser finde ich aber: Freunde fragen, wie es wirklich war. Das geht mittels Schwarmintelligenz über die sozialen Netzwerke – „Kennt jemand jemanden, der jemanden kennt?" – oft ganz schnell.

In den beiden Feriendörfern Großwild (für Selbstversorger im Drei-Sterne-Standard) und Kleinwild (mit Speis und Trank im Vier-Sterne-Standard) der früher von TUI betriebenen Anlage **Kirchleitn** in Kärnten/Österreich wohnen Familien in 44 Bauernhäusern. Diese wurden bereits in den 1960er Jahren aus rund 400 Jahre altem Holz alter, verlassener Häuser der Umgebung gebaut und in den vergangenen Jahren renoviert. Bis zu vier Ferienappartements sind in einem Bauernhaus untergebracht. Zur Grundausstattung der Wohnungen zählen zwei Schlafzimmer, ein Wohnzimmer, ein original Kachelofen mit Sitzbank, ein großer Familientisch, Sofaecke, eine voll ausgestattete Küche sowie ein Bad mit Badewanne.

www.kirchleitn.com

Edel und schick ist das **Martinhal Beach Resort & Hotel** in Sagres, Portugal. Wer über das nötige Kleingeld verfügt, kann sich in traumhafter Landschaft am südwestlichsten Zipfel Portugals im Sommer einen Bungalow mit Meerblick buchen und Annehmlichkeiten wie Kinderbetreuung, Wellness und Sportcamps für die Kids genießen.

www.martinhal.com

Die **PRIVÀ Alpin Lodge** in Lenzerheide in der Schweiz bietet 90 Chalet-Apartments und drei separate Chalets unterschiedlicher Größe für Familien direkt im Skigebiet. Wer mag, kann Ferienhausurlaub machen und trotzdem die Annehmlichkeiten eines Hotels wie Frühstück und Abendessen in Anspruch nehmen. Die Lodge verfügt über eine eigene Skischule und einen Kinderclub, in denen der Nachwuchs ab einem Alter von zwei Jahren betreut wird. Die Betreuung ist für Hotelgäste gratis, bei der Skischule gibt es einzelne Wochen in der Nebensaison, in denen die Leistungen inklusive sind.

www.privalodge.ch

Die **Schweizer Reisekasse** (Reka) wurde ursprünglich gegründet, um sozial schwächeren Familien einen Urlaub in einem ihrer über die Schweiz verteilten Reka-Feriendörfer zu ermöglichen. Die Preise haben aber gerade in den vergangenen Jahren deutlich angezogen. In der Nebensaison, das heißt, wenn in der Schweiz keine Ferien sind, lassen sich noch Schnäppchen erzielen. Natürlich profitieren auch Arbeitnehmer in der Schweiz, die von ihrem Arbeitgeber die sogenannten Reka-Checks erhalten: 80 CHF, die man einzahlt, entsprechen einem Wert von 100 CHF. Wellness mit Kind (Montfaucon), Kultur, See und Berge (Albonago), Skifahren samt Skikurse fürs Kind (Pany) und Bergwandern im Sommer samt Goldwaschen im Fluss (Disentis) sind möglich, es gibt sogar spezielle Babybetreuungswochen. Nagelneu ist das Feriendorf Blatten-Belalp im Wallis.

Gut gefallen hat mir das einzige Reka-Dorf außerhalb der Schweiz: Es heißt Golfo del Sole und liegt an einem sehr gepflegten, kleinkindtauglichen Strand in der Toskana. Vormittags gibt es für etwa vier Stunden eine sehr gute Betreuung für Kinder ab drei Jahren, die im Preis inklusive ist. Die Preise für die Apartments variieren sehr stark nach Lage und Saison und sind in der Hauptsaison recht teuer. Allerdings hat man eine gute Infrastruktur vor Ort wie beispielsweise ein großes und mehrere kleine Schwimmbecken, Spielplätze sowie nette und preisgünstige Restaurants. Für kulturinteressierte Familien gibt es zahlreiche Ausflugsmöglichkeiten in der Umgebung, zum Beispiel per Mini-Zug ins Bergwerk San Silvestro oder nach Siena (im Sommer total überfüllt!). Schön fanden wir auch, dass wir in Italien dort Urlaub machten, wo die italienischen Familien ihre Ferien verbringen. Für die Toskana an sich empfehle ich den Reiseführer „Toskana", von Verleger Michael Müller (siehe Seite 184) selbst geschrieben.

www.reka.ch

Noch klein, aber fein ist der Reiseveranstalter **Stadtgespräche** aus Lilienthal bei Bremen. Das Unternehmen entstand erst 2008 und bietet Familiensprachreisen für

Englisch und Französisch (Spanisch ist in Planung) an, bei denen Erwachsene und Kinder abseits des Klassenzimmers per Kontakt zu Einheimischen die Sprache erlernen. Die Kultur des jeweiligen Landes wird Kindern und Jugendlichen altersgerecht in Form von Sagen und Mythen anstatt schnöder Jahreszahlen näher gebracht. Zudem bietet Stadtgespräche auch eine Kulturreise in den Oman an, die sich für Familien mit Kindern ab sechs Jahren eignet.

www.stadtgespraeche.eu

Vamos-Eltern-Kind-Reisen entstand in den 1980ern als kleiner „Verein für Bildung und Reisen". Der mittlerweile große Veranstalter mit Sitz in Hannover bietet beispielsweise mehrtägige Familien-Wanderungen mit Esel, familientaugliche Skireisen, Kreuzfahrten und Kreativurlaube an, Vamos vermittelt aber auch familienfreundliche Unterkünfte in Städten wie Barcelona. Die Angebote sind teils mit, teils ohne Kinderbetreuung. Nur innerhalb Europas.

www.vamos-reisen.de

II Fremdenverkehrsämter weltweit

Beim Googeln nach Fremdenverkehrsämtern gerät man schnell auf dubiose Websites, daher hier die wichtigsten Reisenationen im Überblick. Besonders schöne und informative Websites sind mit einem Sternchen gekennzeichnet.

Europa:

Andorra:	http://visitandorra.com
Belgien:	www.belgien-tourismus.de *
Bulgarien:	www.bulgariatravel.org
Dänemark:	www.visitdenmark.com
Estland:	www.visitestonia.com *
Finnland:	www.visitfinland.de
Frankreich:	http://de.rendezvousenfrance.com
Griechenland:	www.visitgreece.gr
Großbritannien:	www.visitbritain.de
Irland:	www.entdeckeirland.de
Island:	www.visiticeland.com *
Italien:	www.enit.it
Kroatien:	www.kroatien.hr *
Lettland:	www.latvia.travel *
Litauen:	www.lithuania.travel *
Luxemburg:	www.visitluxembourg.com *
Malta:	www.visitmalta.com
Niederlande:	www.niederlande.de
Norwegen:	www.visitnorway.com *
Österreich:	www.austria.info *
Polen:	www.polen.travel
Portugal:	www.visitportugal.com
Rumänien:	www.rumaenien-tourismus.de
San Marino:	www.visitsanmarino.com
Schweden:	www.visitsweden.de *

Schweiz:	www.myswitzerland.com *
Slowakei:	www.slovakia.travel/de *
Slowenien:	www.slovenia.info *
Tschechien:	www.czechtourism.com *
Ungarn:	www.ungarn-tourismus.de *
Zypern:	www.visitcyprus.com

Asien:

Bali:	www.balitourismboard.org *
China:	www.china-tourism.de *
Dubai:	www.definitelydubai.com
Hongkong:	www.discoverhongkong.com
Indien:	www.incredibleindia.org
Indonesien:	www.tourismus-indonesien.de
Israel:	www.goisrael.de
Japan:	www.jnto.de *
Jordanien:	www.visitjordan.com *
Korea:	http://german.visitkorea.or.kr /ger/index.kto
Macao:	http://de.macautourism.gov.mo/ index.php
Malaysia:	www.tourismmalaysia.de *
Mongolei:	http://mongolia.travel *

(Die Mongolei ist das Gastgeberland der Internationalen Tourismus-Börse (ITB) in Berlin im März 2015)

Laos:	www.tourismlaos.org
Malediven:	www.visitmaldives.com
Myanmar:	www.myanmar-tourism.com
Philippinen:	www.morefunphilippines.de *
Singapur:	www.visitsingapore.com *
Taiwan:	www.taiwantourismus.de
Thailand:	www.thailandtourismus.de *
Türkei:	www.tuerkei-tourismus-kultur.de
Vietnam:	www.vietnamtourism.com

Afrika:

Ägypten:	www.egypt.travel
Kenia:	www.magical-kenya.com *
Madagaskar:	www.madagascar-tourisme.com
Marokko:	www.visitmorocco.com *
Mauritius:	www.tourism-mauritius.mu
Namibia:	www.namibia-tourism.com *
Seychellen:	www.seychelles.travel
Südafrika:	www.southafrica.net
Tunesien:	www.tunesien.info

Nord- und Südamerika:

Antigua:	www.antigua-barbuda.de
Argentinien:	http://argentinien.tourismus.de
Bermudas:	www.gotobermuda.de
Bolivien:	www.bolivia.de
Brasilien:	www.visitbrasil.com
Chile:	http://chile.travel/de/
Dominikanische Republik:	www.godominicanrepublic.com
Ecuador:	http://ecuador.travel/de
Kanada:	www.keepexploring.de *
Kuba:	http://autenticacuba.com
Mexiko:	www.visitmexico.com
USA:	www.vusa-germany.de

Australien und Ozeanien:

Australien:	www.australia.com *
Tahiti:	www.tahiti-tourisme.de *
Neuseeland:	www.newzealand.com *
Papua Neuguinea:	www.papuanewguinea.travel
Republik Palau:	www.visitpalau.eu

Fürs Kind:
Socken, Unterhosen, Bermudas, Jeans, T-Shirts, Langarmshirts, Badesachen, Flipflops, Mützen, Sandalen, Gummistiefel, Schuhe mit Profilsohle (für die Berge), Regenjacke, Matschhose, Gummistiefel, Fleece, UV-Schutzkleidung und Mütze mit Nackenschutz, Kinderzahnpasta, Kinderzahnbürste, Windeln, Gläschen, Fläschchen, Flaschenwärmer, Schnuller

Für die Eltern:
Lange Hosen, kurze Hosen, T-Shirts, Badehose, Bikini, Wickelrock für die Frau (auf den Malediven und in Indonesien gern auch für den Mann), Pullover, Fleece, Regenjacke, Bürste, Haargummi, Zahnbürste, Schwimmbrille, Sonnenbrille, Lesebrille, Etuis, Mützen

Sport und Bewegung:
Im Gebirge: Wanderschuhe mit Profilsohle für Eltern und Kinder, Skiklamotten, Skischuhe, Ski, Snowboard, Sportunterwäsche. Ansonsten auch Joggingschuhe, Fahrrad, Kinderrad, Roller, Laufrad, Skateboard, passende Helme für die Erwachsenen *und* die Kinder

Reiseapotheke für Europa-Urlaube:
Medikamente, z. B. Ibuprofen, Acetylsalicylsäure (ASS), Fieberzäpfchen fürs Kind, Insektenschutz, Pflaster/Pflasterspray, Schere, Pinzette, Desinfektionsmittel (auf Jod- oder Alkoholbasis, Vorteil Jod: Es brennt nicht beim Auftragen), Sonnencreme (Lichtschutzfaktor 30 oder höher). Für das Entfernen von Zecken hilft eine Zeckenkarte in Scheckkartengröße aus dem Drogeriemarkt: Sie

besteht aus einer kleinen Lupe und zwei Einkerbungen in den Ecken für Zecken verschiedener Größe, mit denen man die Spinnentiere wunderbar packen und vorsichtig herausziehen kann. (Mehr zum Thema „Gesundheit auf Reisen" siehe Seite 190.)

Reisedokumente und Sicherheit:

Pässe, Führerschein, Fahrzeugschein und Kopien derselben (in Klarsichtfolie oder noch viel besser in Folie eingeschweißt), welche die Eltern *natürlich* separat aufbewahren. Reiseunterlagen und Sicherungsscheine des Veranstalters/Hotels, Flugtickets, Miles-and-More-Karte, Krankenversicherungskarten für alle, Automobilclub-Karte. Bei allein reisenden Eltern, die mit Kind ins Ausland reisen, ist in bestimmten Ländern eine Reisevollmacht mit Personensorge notwendig, die von **beiden Eltern** unterschrieben sein muss.

Liste mit:

Adresse und Telefonnummer der deutschen, österreichischen oder Schweizer Botschaft im jeweiligen Reiseland

- Telefonnummer für die Sperrung der Kreditkarte
- Telefonnummer für die Sperrung der Maestro-/EC-Karte
- Telefonnummer für die Sperrung der SIM-Karte

Die App „Mein iPhone suchen" ermöglicht es, verlorene/geklaute iPhones zu orten und dem ehrlichen Finder oder dem unehrlichen Dieb von einem anderen Handy aus Nachrichten zu schicken. Über den Hersteller lässt sich mit der ID des jeweiligen Geräts das iPhone aus der Ferne sperren. Es bleibt somit auch nach einem SIM-

Karten-Wechsel unbrauchbar. Bei Mobiltelefonen anderer Marken wie beispielsweise Samsung heißt die App „Find my mobile“. Eine Möglichkeit, das verlorene/geklaute Gerät aus der Ferne nach einem SIM-Karten-Wechsel unbrauchbar zu machen, gibt es hier jedoch nicht.

Tipp: Reisepässe und andere Dokumente vor der Reise **einscannen** und als Anhang an sich selbst mailen, so sind diese immer verfügbar, zumindest, wenn es irgendwo Internet gibt. Selbiges gilt natürlich auch für eine Liste mit den wichtigen Telefonnummern, Kopien der Reisevollmachten und Flugtickets.

Geld und Banken:

Ich bin zwar kein Fan der Deutschen Postbank, aber ein großer Fan der **Postbank-Sparcard**, dem Nachfolger des guten alten Postsparbuchs. Mit der Sparcard können Reisende nämlich zehn Mal pro Jahr weltweit Bargeld an Geldautomaten mit dem Visa-Plus-Symbol ohne Gebühren abheben. Ebenfalls ein nützliches Tool bietet die **Raiffeisenbank** in der Schweiz: Wer dort ein Konto hat, erhält mit der Maestro-Karte den Schweizer Museumspass gratis (www.raiffeisen.ch). Ehepaare, die gemeinsam ein Konto haben, erhalten zwei Museumspässe. Der Schweizer Museumspass bietet derzeit freien Eintritt in etwa 480 Museen. www.museumspass.ch

Spielsachen:

- Lieblingskuscheltier
- Förmchen, Schaufel für Sandkasten
- Spiele für die Erwachsenen wie Karten, Uno, Ligretto
- Schwimmreifen, Spritzpistole, Wasserball
- Malstifte, Malbücher

Technik:

- Laptop
- Fotoapparat
- Mobiltelefone
- eBook-Reader
- Sämtliche dazugehörige Ladekabel und Akkus!
- für ganz Sportliche: Pulsfrequenzuhr

Lesestoff:

Lektüre, z. B. Zeitschriften, die man „schon immer“ mal lesen wollte

- Reiseführer
- E-Book-Reader mit Lesestoff „füllen“
- Bestimmungsbücher für Pflanzen, Blumen, Tiere
- Lieblings-Kinderbücher z. B. mit Einschlafgeschichten oder Märchen

Ausrüstung:

- Trinkflaschen für Kinder und Erwachsene ersparen in Ländern mit genießbarem Leitungswasser den lästigen und teuren Kauf von Wasser im Supermarkt.
- wasserabweisende, strapazierfähige Rucksäcke, einen fürs Kind und einen für die Eltern
- Schweizer **Taschenmesser** (und dieses bitte vor der Flugreise in den Koffer packen!)
- Schlafzelt einpacken statt Kinderbett mitschleppen: Die Zelte lassen sich teilweise in wenigen Sekunden aufbauen und verfügen über eine sich selbst aufblasende Luftmatratze. Geeignet für Kinder bis etwa vier Jahre.

- Kinderwagen, Babywanne, Buggy, Autokindersitz
- **Stirnlampe** statt Taschenlampe:
  immer praktisch, da die Hände frei bleiben,
  und auch für Kinder ein Abenteuer,
  gerade bei Campingurlauben.
  Kosten: etwa 15 Euro.
- Becherlupe, mit der jeder Käfer eingehend untersucht werden kann
- Walkie-Talkie: Im Zeitalter der Mobiltelefone mutet es fast schon barock an, aber **Walkie-Talkies** eignen sich hervorragend, um beispielsweise auf einem größeren Ferienclubgelände in Kontakt zu bleiben – ohne Roaming-Gebühren und ohne großes Diebstahl- und Bruchrisiko am Strand. Sehr leicht zu bedienen, auch für Kinder. Es macht auch jede Menge Spaß, wenn „Hinkender Adler" Häuptling „Großer Albatros" anfunkt.
  Tipp: Kein Kindermodell kaufen, sondern ein einfach zu bedienendes Erwachsenenmodell mit mindestens fünf Kilometern Reichweite wählen. Die vom Hersteller angegebene Reichweite entspricht der Reichweite bei optimalen Bedingungen, wird also meist eher unterschritten.
  Kosten: etwa 40 Euro.

Und das raten andere Eltern:

Eileen, Mutter von zwei kleinen Kindern: „Ein **120-Liter-Müllbeutel** als Schutz für den Maxi Cosi, wenn man diesen beim Fliegen als Sperrgepäck aufgibt, tut's auch und ist viiiieeel preiswerter als all die Stoffhüllen, die es sonst zu kaufen gibt."

Raimund, Vater einer zweijährigen Tochter: „**Schnuller** in Hülle und Fülle nicht zentral lagern, sondern dezentral verteilt in Rucksäcken, Kinderwagen, Jacken – das beugt dem Schnuller-Gau vor, nämlich keinen parat zu haben. Diese Strategie nutzen wir auch für Pixi-Bücher. Und mein zweiter Tipp: Wer zwei Apple-Geräte hat, beispielsweise iPhones, sollte sich die App ‚Babyphone 3G' runterladen. Sie bietet eine Liveübertragung, die perfekt funktioniert, sofern man mobil oder via WLAN bei beiden Geräten Verbindung hat."

Liv Kristina, Mutter eines einjährigen Sohnes: „Mit unserem Sohn sind wir schon viel umhergereist und haben immer ein praktisches **Schlafzelt** von Deryan dabei. Meist waren wir privat bei Freunden und Verwandten. Bei unserem Neuseelandurlaub im Februar waren wir abwechselnd in Hütten auf Campingplätzen und in Backpacker-Hostels. Das hat sehr gut geklappt."

Vera, Mutter eines fünfjährigen Sohnes: „Meine Devise lautet: **‚UV-Schutzkleidung** statt Sonnencreme': Kurz- oder langärmelige Oberteile sowie enge oder weite Hosen samt Hut mit Nackenschutz ersparen uns lästige Eincrem-Arien. UV80-Kleidung und Badesachen gibt es als teure Markenprodukte von JAKO-O und Hyphen, aber auch günstig als No-Name-Ware bei der Drogeriemarktkette dm. Bei Letzterer ist UV-Schutzkleidung, sobald sie angeboten wird, schnell ausverkauft, sodass man gleich zugreifen sollte. Ganz wichtig: Die Kappen müssen aus einen leichten Material bestehen und mit einem Nackenschutz versehen sein, denn was nützt die schönste Schirmmütze, wenn das Kind sich darunter zu Tode schwitzt und der Nacken nach einer halben Stunde knallrot ist."

Frauke, Mutter eines zweijährigen Sohnes: „Wir reisen nie ohne **Tragehilfe**! Wenn man mit Buggy und Co. nicht mehr weiterkommt oder ihn am besten gleich zu Hause gelassen hat, kommt man mit einer Traghilfe über fast jedes Hindernis!"

Uli, Mutter einer zweijährigen Tochter und eines vierjährigen Sohnes: „Wenn es keinen Kinderstuhl gibt, kann man mit einem **Sack'n Seat** fast jeden Stuhl zu einem umfunktionieren – sehr gut geeignet beispielsweise in Restaurants. Wichtig: Die Kinder müssen bereits sitzen können, also etwa neun Monate alt sein. Das Päckchen ist etwas kleiner als früher die knautschbaren Regenjacken."

IV Blogs, Literatur

Die meisten Autoren dieses Buches haben Reiseerfahrungen mit ihren Kindern bereits in dem vorangegangenen Werk **„Reisen mit Kindern – von Bauernhof bis Bali"** veröffentlicht. Band 1 behandelt verschiedene Reiseformen wie Fernreise (Galapagos, Südafrika), Wander- und Skiurlaub (Allgäu, Norwegen) und Wellnessurlaub (Schweiz), aber auch Haustauschurlaub. Geraldine Friedrich und Nadine Kraft betreiben zudem den Blog „Reiseratte" (www.reiseratte.de). Unter der Rubrik „Reisen mit Kindern" finden sich immer wieder Reisereportagen, Museums- und Literaturtipps für das Reisen mit Kind.

Die Website **www.kidsaway.de** beschäftigt sich umfänglich mit sämtlichen praktischen Aspekten des Reisens mit Kindern und ist sehr zu empfehlen. Macherin Kerstin Führer hat zudem das Buch mit dem Titel **„Fliegen mit Baby und Kleinkind"** geschrieben, in dem sie per Frage/Antwort-Katalog auf sämtliche praktische Aspekte des Fliegens mit kleinen Kindern eingeht.

Das Werk **„Abenteuer Elternzeit"** von Inka Schmeling beschäftigt sich hauptsächlich mit der Reise der Autorin samt Mann und Baby über die Seidenstraße. Die Route verläuft über die Türkei und Syrien bis in den Iran. Das Buch enthält zahlreiche praktische Tipps für das Reisen mit Baby. Auf der dazugehörigen Website www.nepomuksreisen.de tauschen sich Eltern über ihre Reiseerfahrungen in verschiedenen Ländern, oftmals außerhalb Europas, aus.

V Platz für Notizen

Herausgeberin und Autoren

Geraldine Friedrich, Jahrgang 1970, ist ausgebildete Journalistin und Diplom-Betriebswirtin.
Als Journalistin pflegt sie den Themenmix zwischen Reise, Speise und Wirtschaft. Veröffentlichungen u. a. in der Basler Zeitung, GEO Saison, Handelsblatt, Kress Report, Neue Zürcher Zeitung, Schweizer Journalist, Südostschweiz, Wirtschaftsjournalist, Zeit Online. 2012 erschien ihr erstes Buch „50 Mal Mund auf in der Schweiz – was man gegessen haben muss" im Dryas Verlag, 2013 veröffentlichte sie die Bücher „Reisen mit Kindern – von Bauernhof bis Bali" sowie den Reiseführer Marco Polo Schweiz. Seit 2013 ist sie zudem Herausgeberin des Verlags Edition Reiseratte und damit für dessen inhaltliches Programm verantwortlich. Gemeinsam mit Nadine Kraft betreibt sie den Blog www.reiseratte.de. Zudem arbeitet sie deutschland- und schweizweit für zahlreiche Mitarbeiter- und Kundenmagazine, hält Vorträge zum Thema Reisen und gibt Seminare über Reisejournalismus. Seit sechs Jahren lebt sie mit Mann und Sohn bei Basel.

Raimund Haser, Jahrgang 1975, ist Bergliebhaber, Familienmensch und lebt nördlich des Bodensees – dort, wo sich Fuchs und Hase Gute Nacht sagen. Der Autor der Merian-Reiseführer „Oberschwaben" und „Vorarlberg" genießt die Freiheit, zwischen den (Medien-)Welten zu wandeln. Als gelernter Dipl. Betriebswirt und ehemaliger Wirtschaftsredakteur der Schwäbischen Zeitung hat er eine Nähe zu Finanz- und Wirtschaftsthemen. Mit seiner Agentur Inhalt bringt er Leben in Unternehmenspublikationen. Als freier Journalist schreibt er über Wirtschafts- und Freizeitthemen seit 2008 u. a. für DIE WELT, Stuttgarter Zeitung, Schwäbische Zeitung, Augsburger Allgemeine, Rheinische Post, WAZ und andere. Als Moderator holt er sich bei bezahlten und ehrenamtlichen Talks vieles, was berühmt ist und Geschichten zu erzählen weiß, aufs Podium.

Françoise Hauser hat Sinologie und Geographie in Erlangen, Taiwan und der Volksrepublik China studiert. Inzwischen arbeitet sie zum einen als freie Journalistin und Buchautorin mit dem Schwerpunkt Asien, zum anderen ist sie als Dozentin für interkulturelle und journalistische Themen tätig. Seit mehr als 20 Jahren zieht es sie immer wieder in den Fernen Osten, und manchmal auch in andere ferne Gefilde. Ihr Sohn Elias begleitet sie recht oft – die ideale Recherche für ihre Beiträge in diesem Buch.

Tanja Josche, Jahrgang 1973, arbeitet als freie Journalistin, Texterin und Autorin in München. Ihre Reportagen über das Reisen mit und ohne Kind erschienen u. a. in DIE WELT, Zeit Online, Die Presse, Rhein-Neckar-Zeitung und Bonner General-Anzeiger. Zog es sie früher mit Rucksack und Zelt meist in ferne Gegenden wie Hawaii, Neuseeland, Malaysia oder Namibia, erkundet sie mit ihrer Familie heute die vielen schönen Ecken Europas. Die Provence hat es ihr dabei besonders angetan. Als Kommunikationswissenschaftlerin und ehemalige PR-Managerin beschäftigt sie sich außerdem mit Trends in Marketing und Kommunikation.

Nadine Kraft, Jahrgang 1975, studierte Historikerin und bekennender Skandinavien-Fan, schreibt seit 2002 als Autorin für Tageszeitungen, Magazine, Kundenzeitschriften und das Internet. Zuvor volontierte sie bei der Märkischen Allgemeinen Zeitung, Potsdam und arbeitete dort als Redakteurin. Ihre Themen reichen von Reise bis Lifestyle, von Wissenschaft bis Gesundheit. Veröffentlichungen unter anderem in SonntagAktuell, Rheinpfalz am Sonntag, Neue Westfälische Zeitung, Stuttgarter Zeitung, Geo Saison, Lufthansa-Magazin. Gemeinsam mit Geraldine Friedrich betreibt sie den Reiseblog „Reiseratte“. Zuletzt veröffentlichte sie im Stürtz-Verlag den Reisebildband „Reise durch Hamburg“. Nadine Kraft lebt und arbeitet in Hamburg.

Olaf Schlippe, 1967 geboren, arbeitet als freier Journalist für verschiedene Tages-, Wochen- und Fachzeitschriften. Der Diplom-Politologe hat nach seinem Studium in Berlin und Aix-en-Provence bereits über fast alles geschrieben, außer über Politik und Sport. Er ist Vater von zwei Kindern und lebt in Mannheim. Seine Reisen führten ihn nach Bergwanderungen und Wüstenaufenthalten in den letzten Jahren immer wieder nach Skandinavien, wo sich die Hobbys seiner Kinder – Angeln und Reiten – am besten mit den eigenen Wünschen vereinbaren lassen.

Boris Burcza

Pilgern mit Kindern

Per Rad auf dem Jakobsweg

Edition Reiseratte hrsg. von Geraldine Friedrich,
Taschenbuch, 184 Seiten, ISBN 978-3-945309-04-9

Jakobsweg mit Kind – geht das? In 28 Tagen pilgert eine Karlsruher Familie mit Fahrrad und Anhänger 870 Kilometer auf der Nordroute entlang des Atlantiks. Mit dabei: die dreieinhalbjährige Emilia und der elf Monate alte Natan. Die Familie überwindet dabei auch kleinere Katastrophen wie kaputte Pedale, Krankheiten und Schlafsäle mit schnarchenden Pilgern. Die Belohnung: wunderschöne Küstenlandschaften, stets hilfsbereite Einheimische und ein Exotenstatus. Am Ende lassen die Eltern zehn Kilo auf der Strecke. Emilia und Natan gehören zu den Jüngsten, denen in Santiago je eine Pilgerurkunde ausgestellt wurde.
Mit ausführlichem Infoteil sowie einer detaillierten Wegbeschreibung des Camino del Norte.

Die Herausgeberin: *Geraldine Friedrich, Jahrgang 1970, arbeitet als Reise- und Foodjournalistin für deutsche und Schweizer Medien. Sie verbrachte mehrere Jahre in der Schweiz und lebt nun mit ihrer Familie in Inzlingen bei Basel.*

Auf www.reiseratte.de schreibt sie über ihre Reiseerfahrungen mit und ohne Kind.

reiseratte